El Imperio acadio

Un fascinante recorrido por el auge y la caída de los acadios

Índice

Introducción

Akki, el jardinero, estiró sus brazos bronceados por el sol y frunció el ceño ante las hileras de cebada aún sin regar. Se dirigió resueltamente hacia el río con dos cubos. El sol centelleaba en la superficie del río, cegando momentáneamente a Akki mientras bajaba uno de los cubos al agua. ¡Bum! ¿Con qué chocó el cubo? ¡Ahí! Chocando contra la orilla había una cesta cubierta.

¡Qué curioso! Dejando el cubo a un lado, Akki se puso en cuclillas y levantó la cesta del agua. Parecía pesada. ¿Qué había dentro? Observó el betún que cubría la cesta; alguien quería que fuera impermeable. Pero, ¿por qué? Con cuidado, descorrió la tapa y miró dentro. ¡Algo se movía bajo la pequeña manta! Akki retrocedió un momento y luego oyó un quejido. Apartó con cuidado la manta y encontró a un recién nacido, cuya repentina exposición al sol brillante lo hizo gemir horriblemente.

«Ya, ya, pequeño —lo arrulló—. Estás bien. Ahora estás a salvo». Como en un sueño, Akki alzó al bebé a su hombro y comenzó a caminar por los campos, sin darse cuenta de que tenía en sus brazos al primer rey del primer imperio del mundo.

Si mencionara el Imperio acadio a un grupo de personas, lo más probable es que recibiera algunas miradas de interrogación o miradas vacías. La mayoría de la gente nunca ha oído hablar del primer imperio multinacional del mundo con un gobierno poderoso y centralizado. Precediendo en siglos a los imperios babilónico, asirio, egipcio, chino e indio, el Imperio acadio se alzó con el poder en el año 2334 a. e. c. para gobernar toda la antigua Mesopotamia... ¡y más allá!

¿Hubo algo parecido a un imperio antes del Imperio acadio? En el sur de Mesopotamia, las ciudades-estado de Sumer formaban varios mini imperios, en los que el rey de una ciudad ejercía el «reinado» sobre otras ciudades de la región. Sin embargo, estos eran más bien pequeños países, que abarcaban menos de cien millas cuadradas. Todos compartían la misma cultura, hablaban la misma lengua y rezaban a los mismos dioses. Por el contrario, el Imperio acadio abarcaba múltiples etnias y lenguas: sumerio, acadio, elamita, sirio, cananeo y otros. En su apogeo, el imperio se extendía desde el mar Mediterráneo hasta el golfo Pérsico, incluyendo Mesopotamia, Elam, Anatolia, Siria, Líbano y Canaán.

Esta historia del Imperio acadio revela muchos misterios fascinantes de este vasto reino. ¿Qué civilizaciones existían en Mesopotamia antes de que Acad obtuviera la supremacía? ¿Cuáles fueron los orígenes de los acadios? ¿Cómo consiguieron la soberanía sobre otras culturas y formaron su vasta red de poder? ¿Qué mitos impulsaban la cultura acadia y qué religión seguían? ¿Cómo reflejaban su sistema de creencias el arte y la cultura? ¿Quiénes fueron sus gobernantes más famosos y qué los hizo excepcionales? ¿Cuáles eran los rasgos distintivos de sus estrategias militares y bélicas? ¿Cómo era la vida cotidiana en el Imperio acadio? ¿Por qué se derrumbó el Imperio acadio? ¿Cómo siguió influyendo la cultura acadia en las futuras dinastías mesopotámicas? Este libro responderá a estas preguntas y a muchas otras.

Quizá se pregunte en qué se diferencia este libro de otras historias del Imperio acadio. Por un lado, pocos autores han escrito una visión global de este tema desde que el renombrado arqueólogo Leonard W. King publicara *Una historia de Sumer y Acad* en 1910. Algunas historias generalizadas de Mesopotamia contienen uno o dos capítulos sobre el Imperio acadio, pero pocas están dedicadas exclusivamente al Imperio acadio.

Del puñado de libros escritos sobre Acad, la mayoría se centran en aspectos específicos, como el fascinante estudio de Benjamin R. Foster sobre los textos cuneiformes de la época de Sargón y anteriores, la encantadora panorámica de Melissa Eppihimer sobre el legado artístico acadio y la esclarecedora introducción de Alan Lenzi a la literatura acadia. Este libro presenta una historia exhaustiva y autorizada, basada en las investigaciones académicas de King, Foster, Eppihimer, Lenzi y otros especialistas en Mesopotamia para ofrecer los estudios arqueológicos y culturales más recientes. Esta amplia panorámica pretende dar vida a Sargón el Grande y a su apasionante Imperio acadio en un formato atractivo y fácil de entender.

Explorar las civilizaciones del pasado es enriquecedor y fortalecedor. Cuando comprendemos cómo se desarrollaron las culturas, qué las hizo extraordinarias y qué condujo a sus caídas, tenemos una comprensión más amplia de nuestro mundo actual. Las culturas del pasado informan nuestra visión del mundo y nuestros sistemas de creencias. El conocimiento exhaustivo de la historia nos proporciona una comprensión más profunda de nuestro estado de cosas global. Las victorias del pasado nos inspiran y motivan, y los fracasos del pasado nos advierten de lo que no debemos hacer.

Examinar el espectacular ascenso y caída del primer verdadero imperio del mundo es estimulante. Resulta casi abrumador imaginar cómo Sargón, un humilde jardinero, surgió aparentemente de la nada para conquistar y gobernar la tierra situada entre los ríos Éufrates y Tigris (el actual Irak). Después, él y sus descendientes siguieron adelante hasta dominar los antiguos territorios de los actuales Irán, Turquía, Siria, Líbano, Siria, Canaán y Omán. Un conocimiento profundo de la antigua Mesopotamia permite comprender las ricas culturas de Oriente Próximo y el turbulento panorama político actual.

Acompáñenos mientras exploramos la influencia de las culturas ubaíd y sumeria que precedieron a la civilización acadia, la explosión de cambios provocada por el Imperio acadio, cómo funcionaba el imperio y cómo siguió influyendo en los acontecimientos y la cultura de Oriente Próximo.

Capítulo 1: El periodo Ubaid

¿Quiénes eran los pueblos primitivos del sur de Mesopotamia, con sus figuritas de lagartijas y su fascinante cerámica? ¿Cómo vivían y qué lograron en los misteriosos milenios anteriores al comienzo de la escritura? Aunque formaron el primer verdadero imperio, los acadios no fueron la primera civilización de Mesopotamia; de hecho, fueron unos recién llegados relativos a la escena. Antes de la llegada de los acadios, los sumerios vivían en el centro y el sur de Mesopotamia, compartiendo una historia y una cultura comunes desde alrededor del 3800 a. e. c., que más tarde se entrelazaron con la cultura acadia. Antes de los sumerios, aunque se solapan un poco, la misteriosa civilización Ubaid (también llamada El-Obeid) y varias otras culturas prehistóricas cultivaban y pastoreaban el ganado en Mesopotamia.

¿Qué sabemos de estas culturas prehistóricas? Hacia el 5500 a. e. c., a mediados del Neolítico, surgieron en el norte de Mesopotamia las culturas Hassuna, Samarra y Halaf, que vivían en aldeas agrícolas con casas de barro cocido y templos circulares con cúpulas. La cultura Samarra estaba en el centro-norte de Mesopotamia, donde los historiadores creen que se encontraba Acad. La cultura Hassuna estaba inmediatamente al norte de Samarra, y la cultura Halaf al oeste. Aunque su cerámica distintiva las diferenciaba, estas tres civilizaciones se solaparon y entremezclaron.

¿Cuán avanzadas estaban estas civilizaciones? Las tres culturas prehistóricas utilizaban hachas, hoces, piedras de moler, hornos y arados sencillos. Tenían sellos de estampado, de unos dos centímetros de diámetro, con un dibujo tallado en piedra que prensaban en arcilla blanda como una especie de firma. Fabricaban cerámica de engobe pintada con diseños lineales rojizos. Cultivaban trigo esmeralda, cebada y lino, y pastoreaban ovejas, cabras y vacas.

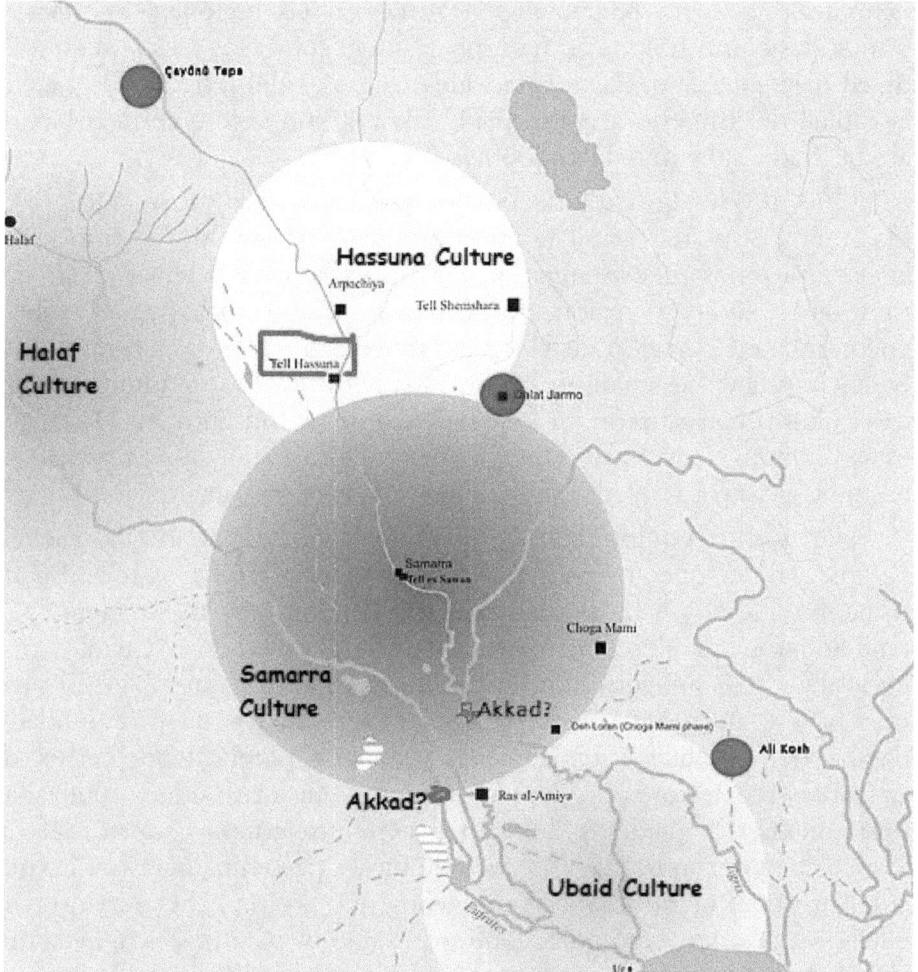

Este mapa muestra la ubicación de las culturas prehistóricas en la antigua Mesopotamia antes de la civilización sumeria y el Imperio acadio. En el mapa inferior se señalan dos posibles emplazamientos de Acad y en el superior se rodea con un círculo Tell Hassuna[1]

En 1942, en el norte de Irak, un agricultor estaba arando la tierra para plantar lentejas en una colina cubierta de flores silvestres cuando encontró unos fragmentos de cerámica. Tras una inspección más minuciosa, el arqueólogo Sayid Fuād Safar determinó que esta colina, que se encontraba a veintidós millas al suroeste de la actual Mosul, era en realidad un tell, al que denominó *Tell Hassuna*. Un «tell» es una colina o montículo artificial de escombros acumulados y estratificados de edificios, basura, tumbas, vegetación y tierra, dejados por antiguas generaciones de personas que vivieron allí. Con el paso de los siglos —o de los milenios, en este caso— los edificios se desmoronan y la naturaleza recupera lentamente la zona. En las regiones desérticas y semiáridas como Irak, la arena soplada suele cubrir los tells hasta que es difícil distinguirlos de las formaciones naturales del terreno. De hecho, la capital del Imperio acadio, Agadé (Acad), aún yace enterrada bajo la arena. Nadie sabe muy bien dónde se encuentra.

¿Qué reveló la exploración arqueológica del yacimiento? Tell Hassuna y otros tells similares proporcionan valiosa información sobre las civilizaciones preexistentes de Hassuna, Samarra y Halaf en lo que más tarde sería la región del Imperio acadio. Aunque el tell se encontraba en la región de Hassuna, muchos artefactos de cerámica de Samarra y Halaf estaban en las capas superiores, lo que indica que las tres culturas coexistieron en la zona o comerciaron entre sí. Dado que estas culturas eran prealfabetas, dependemos de las excavaciones arqueológicas para obtener pistas sobre estas antiguas civilizaciones.

Safar formó equipo con Seton Lloyd, presidente de la Escuela Británica de Arqueología en Irak, para explorar Tell Hassuna. En un principio, Lloyd y Safar pensaron que la cerámica era más reciente y se emocionaron al descubrir que estaban equivocados. Cuanto más excavaban, más antiguos eran los artefactos que desenterraban. El nivel más bajo y antiguo de Tell Hassuna —6.70 metros de profundidad— databa del Neolítico[1]. La capa más antigua parecían ser restos de cazadores/recolectores o posiblemente pastores que utilizaban herramientas de piedra y fabricaban cerámica gruesa y tosca. Safar y Lloyd encontraron hogares o pozos de fuego, pero ninguna casa. Lo que sí hallaron fue una estera de junco tejida que podría haber servido para cubrir las cabañas, pero no encontraron agujeros para postes ni nada que indicara la existencia de una estructura de soporte. Tal vez la estera de juncos fueran restos de cestas o esteras para dormir. Esta gente del Neolítico, o bien vivían en tiendas, como los beduinos actuales, o bien utilizaban poco o ningún refugio.

El equipo de Lloyd descubrió puntas de lanza de obsidiana y munición de honda para la caza. Encontraron hachas con cabeza de

---

[1] Seton Lloyd, Fuad Safar y Robert J. Braidwood, "Tell Hassuna Excavations by the Iraq Government Directorate General of Antiquities in 1943 and 1944", *Journal of Near Eastern Studies* 4, nro. 4 (1945): 255-89. http://www.jstor.org/stable/542914.

piedra, que creían que podían haberse utilizado para romper el suelo para una agricultura sencilla. A los arqueólogos les intrigó encontrar un esqueleto entre dos fogones. Se preguntaron si la persona había sido enterrada en una tumba poco profunda o si había muerto en un asentamiento abandonado.

Este cuenco de loza roja Hassuna data de alrededor del 5500 a. e. c. [2]

La capa intermedia correspondía a la cultura Hassuna (5500-3800 a. e. c.). Vivían en casas de adobe. Al principio eran viviendas de una sola habitación y de construcción tosca, pero más tarde tuvieron varias habitaciones. La cerámica Hassuna estaba pintada y era más sofisticada que la de la cultura neolítica. La cultura Hassuna utilizaba morteros de piedra y hornos de barro en forma de barril con una sola abertura. Encendían un fuego en el interior para calentar el horno, luego apagaban el fuego, barrían las cenizas y metían la masa de pan. Las paredes de arcilla del horno permanecían calientes el tiempo suficiente para que el pan se cociera. Cerca de los hornos había discos de arcilla; los arqueólogos suponen que eran «calderos». Los hassuna los metían un rato en el horno y, cuando estaban calientes, los echaban en una olla con agua para calentarlos.

En las capas de los Hassuna, Safar y Lloyd descubrieron hojas de hoz de sílex y obsidiana, y bajo las casas hallaron graneros, lo que los llevó a pensar que los Hassuna eran agricultores de grano. Los huesos de animales del yacimiento revelaron que también pastoreaban ganado vacuno, ovejas y cabras. La capa superior Hassuna mostraba la sofisticada cerámica de Samarra y muchas cerámicas Halaf, lo que indica comercio u homogeneidad entre los pueblos vecinos.

Los arqueólogos encontraron esta jarra con forma de botella de hacia el 5000 a. e. c. pintada con el rostro de una mujer en la capa Hassuna de Tell Hassuna, que representa a la cultura Samarra [3]

Encontraron restos óseos de bebés enterrados en vasijas de cerámica bajo las casas y un esqueleto completo de un niño mayor o un adulto pequeño acurrucado en posición fetal en lo que parecía ser parte de una habitación de una casa sellada con piedra. Curiosamente, los asirios, cuya cultura surgió en la misma región unos mil años después, también seguían esta costumbre de enterrar a sus seres queridos debajo o dentro de sus casas.

Las capas superiores contenían restos de cerámica de estilo Ubaid y algunos artefactos de las culturas Ubaid tardía y acadia-asiria. Los edificios de estas capas estaban construidos en piedra. Safar y Lloyd no encontraron cobre en ninguno de los niveles, pero sí antimonio y malaquita, que se habrían utilizado para fabricar maquillaje kohl para los ojos. Desenterraron más esqueletos humanos adultos enterrados de forma ordenada. Dos esqueletos, sin embargo, fueron arrojados a un pozo. ¿Fueron víctimas de un juego sucio? ¿Fueron ejecutados? Misterios como este dejan a los arqueólogos rascándose la cabeza.

La cultura Ubaid (5500-3800 a. e. c.) surgió algo más tarde en el centro y el sur de Mesopotamia, pero continuó durante el mismo periodo que las culturas Halaf, Samarra y Hassuna. La cultura sumeria se desarrollaría más tarde en la región de Ubaid, y Acad probablemente se encontraba donde las culturas prehistóricas de Samarra y Ubaid conectaban geográficamente. El nombre «Ubaid» deriva de *Tell al-'Ubaid,* un yacimiento arqueológico situado justo al oeste de la antigua ciudad de Ur, en lo que entonces era la costa del golfo Pérsico. El golfo Pérsico retrocedió posteriormente hacia el sur unas 155 millas debido a los depósitos de limo de los ríos Éufrates y Tigris. Otro factor de la reducción del nivel del mar fue el enfriamiento global y el aumento de las capas de hielo en los polos norte y sur.

¿Qué nos dice la arqueología sobre la cultura Ubaid? Los ubaidíes utilizaban azuelas (algo parecido a un hacha), azadones y cuchillos, y tejían lino y lana, ya que se descubrieron pesas de telar y husos. Fabricaban ladrillos para construir casas y formaban distintivas cerámicas pintadas y figurillas. Varios hogares compartían hornos de barro para hacer pan al aire libre. Las ocupaciones incluían carpinteros, agricultores, pescadores, pastores, alfareros y tejedores.

¿Fundaron los ubaidíes la primera ciudad del mundo? La cultura Ubaid se divide en varios periodos, que giran principalmente en torno a los cambios en la cerámica. El periodo Ubaid I se centra en torno a la ciudad de Eridu, en el extremo sur de Mesopotamia. En aquella época, Eridu se encontraba a pocos kilómetros al oeste de Ur y en el golfo Pérsico (ahora sus ruinas yacen en un páramo desértico). Muchos arqueólogos creen que Eridu, que fue colonizada por primera vez hacia el 5400 a. e. c. por los ubaidíes, es la ciudad más antigua del mundo. Sin embargo, no alcanzó el estatus de verdadera ciudad hasta la época sumeria posterior, cuando creció hasta convertirse en una ciudad de tamaño considerable que cubría cien acres. En el periodo Ubaid, contaba con unos cuatro mil habitantes, lo que la convertía en una gran ciudad.

¿Cómo podían cultivar los ubaidíes en condiciones semidesérticas? Los habitantes de Eridu podían cultivar cereales a pesar de las condiciones cálidas y áridas porque el cercano río Éufrates alimentaba el lago Hammar. El asentamiento de Eridu se asentaba en dos orillas —el golfo Pérsico al sur y el lago Hammar al oeste— que, en aquella época, era de agua dulce (ahora es salina)[i]. Esta proximidad al mar y a un lago de agua dulce proporcionaba una fuente de irrigación y abundancia de marisco.

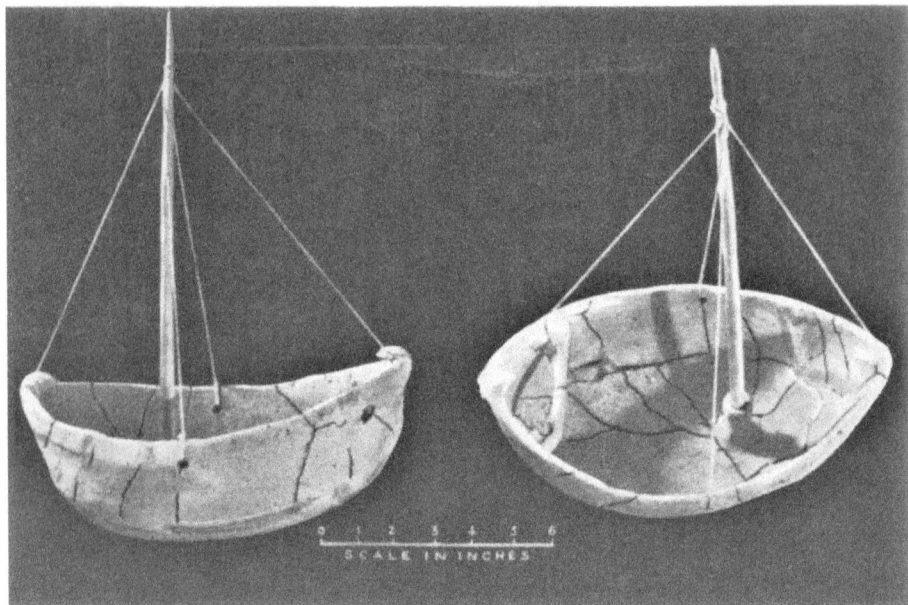

Este modelo de arcilla de un velero yacía enterrado en la tumba de un hombre en Eridu de la era Ubaid [ii]

El acceso de la cultura Ubaid al golfo Pérsico, al lago Hammar y a los ríos Éufrates y Tigris también propició el uso de embarcaciones. Y no solo simples canoas o balsas, ¡sino veleros! Los arqueólogos desenterraron modelos de barro de veleros en las tumbas de Uruk, Eridu y otras ciudades ubaidíes[ii]. Estos primeros veleros —los primeros del mundo de los que tenemos pruebas arqueológicas— eran sencillos, pero sirvieron de prototipo para diseños más sofisticados en el futuro.

Los primeros ubaidíes de Eridu vivían en cabañas con techo de cañizo y disfrutaban de una gran variedad de alimentos. Pescaban y

---

[i] Carrie Hritz, et al. "Revisitando las tierras selladas: Report of Preliminary Ground Reconnaissance in the Hammar District, Dhi Qar and Basra Governorates, Iraq", *Iraq* 74 (2012): 37-49. http://www.jstor.org/stable/23349778.

[ii] E. Douglas Van Buren, "Discoveries at Eridu", *Orientalia* 18, nro. 1 (1949): 123-24. http://www.jstor.org/stable/43072618.

extraían marisco del golfo y del lago. Cazaban aves acuáticas, gacelas y otros animales salvajes, y pastoreaban cabras y ovejas, que les proporcionaban leche, carne y lana. Comían la escaña menor o trigo salvaje y más tarde empezaron a cultivarlo. En el periodo Ubaid I, llevaban agua a sus campos, pero a mediados del periodo Ubaid, habían aprendido a cavar canales para regar campos más grandes, lo que creó un excedente de grano.

Con el paso del tiempo, construyeron casas más permanentes, formando ladrillos con el barro de los humedales, que protegían mejor del sol abrasador. Las primeras casas de adobe tenían forma rectangular y disponían de varias habitaciones con suelos enlucidos y tejados planos, construidos con vigas y juncos cubiertos de yeso. Con el tiempo, la ciudad llegó a cubrir unos veinticinco acres con aproximadamente cuatro mil habitantes en una zona rodeada de aldeas más pequeñas.

¿Cuál era la religión de la cultura Ubaid? Un pequeño templo de una sola habitación, construido por primera vez alrededor del año 5300 a. e. c., se erguía en el centro de la ciudad. En un extremo había un altar de sacrificios y en el otro un nicho para la imagen de una divinidad. La pregunta es, ¿a quién adoraban? Se han encontrado múltiples imágenes de una figura femenina con cabeza de reptil en tells de la época Ubaid en el sur de Mesopotamia. ¿Se trataba de deidades ubaidíes?

¿Qué eran estas lagartijas? Eran pequeñas, solo medían entre cinco y diez centímetros, tenían los ojos rasgados, y la cabeza y la nariz alargadas. En comparación, las antiguas estatuillas femeninas de las culturas Hassuna, Samarra y Halaf eran señoras regordetas, sentadas, con grandes muslos y pechos colgantes. Las estatuillas femeninas de Ubaid son delgadas, con vientres planos y pechos más pequeños; tienen un aspecto algo andrógino. Unas pocas estatuillas son masculinas y algunas son de sexo indeterminado. Estas figurillas se

Esta mujer con cabeza de reptil amamantando a un bebé procede de Ur, periodo Ubaid (4500-4000 a. e. c.). Las figuras de mujeres esbeltas con cabeza de lagarto eran un motivo común en la cultura Ubaid[i]

11

encontraron a menudo en tumbas humanas de adultos, pero nunca en tumbas de niños. Los Ubaid solían enterrar a sus muertos de espaldas, con las manos apoyadas en la pelvis, que es como aparecían muchas figuras de reptiles[i]. Los eruditos aún no han determinado si tenían un significado religioso, ¡otro misterio que nos rompe la cabeza!

Eridu estuvo constantemente habitada hasta el final de la cultura Ubaid, y fue abandonada hacia el 3800 a. e. c., quizá debido a la misma inundación que asoló Ur varios kilómetros al este. Ur y Uruk fueron otras dos ciudades prominentes que surgieron en el sur de Mesopotamia en el periodo Ubaid I. Los sumerios habitarían más tarde estos dos asentamientos, que crecieron hasta convertirse en grandes ciudades que dominaban Sumer (el sur de Mesopotamia). Ur se encontraba en una posición estratégica, ya que estaba a unas doce millas al este de Eridu, donde el río Éufrates desembocaba en el golfo Pérsico. Uruk estaba a unas cuarenta millas al norte de Ur, en la orilla oriental del Éufrates. Alrededor de la época en que se establecieron Ur y Uruk, la civilización Ubaid se mezcló con la cultura Halaf del norte de Mesopotamia, formando el periodo de transición Halaf-Ubaid.

El periodo Ubaid II (4800-4500 a. e. c.) es famoso por su llamativa cerámica Hadji Muhammed y la primera agricultura de regadío con redes de canales. La construcción de los canales de irrigación requirió un trabajo coordinado y colectivo, un hito histórico. Durante este periodo, los Ubaid formaron extensas redes comerciales, que se extendían por la costa del golfo Pérsico hasta Bahréin y Omán, hacia el oeste hasta Arabia y el Mediterráneo. Dado que Eridu y Ur eran ciudades costeras (antes de que el golfo Pérsico se redujera), es probable que utilizaran barcos para viajar por la costa. También comerciaban con asentamientos de Turquía y Armenia para obtener obsidiana, que es un vidrio volcánico negro afilado como un cuchillo, utilizado para fabricar hojas de flechas y cuchillos.

---

[i] R. Carter y Graham Philip, *Beyond the Ubaid: Transformation and Integration in the Late Prehistoric Societies of the Middle East*, Chicago: The Oriental Institute, Universidad de Chicago, 2010 , 149-161.

Esta jarra de cerámica Hadji Muhammed data de la época Ubaid III, hacia 5300-4600 a. e. c. [6]

El periodo Ubaid posterior (4500-3800 a. e. c.) destaca por el progreso de una cerámica distintiva, que incluye sellos con diseños de pájaros, serpientes y humanos. En 1990, el arqueólogo Andrew Moore, del Instituto de Tecnología de Rochester, y el arqueólogo británico Tony Wilkinson descubrieron hornos de cerámica en Eridu y Ur que indicaban que la fabricación de cerámica a escala industrial tuvo lugar en estas ciudades en la época Ubaid posterior[i].

Alrededor del 4500 a. e. c., surgió la estratificación social en los pueblos, con casas más grandes en el centro de la ciudad. Es probable que estas personas tuvieran más riqueza y probablemente más poder. Además, a finales del periodo Ubaid, surgieron distinciones en la cerámica entre los asentamientos Ubaid del sur de Mesopotamia y del norte de Mesopotamia. En su evaluación de Khanijdal Este, un pequeño asentamiento ubaíd tardío de la llanura de Jazira, en el norte de Irak, el arqueólogo Tony Wilkinson y su equipo observaron diferencias en la forma y la decoración de la cerámica, los materiales utilizados para

---

[i] A. M. T. Moore, "Pottery Kiln Sites at al 'Ubaid and Eridu", *Iraq* 64 (2002): 69-77. https://doi.org/10.2307/4200519.

fabricarla y las técnicas de cocción[i]. Descubrieron varias figuritas de arcilla de ovejas y cabras; creían que no tenían un significado religioso, sino que eran juguetes infantiles. Encontraron una en la tumba de un bebé, junto con un sonajero.

La cerámica ubaíd era de calidad superior. Generalmente era de color beige, pero a veces amarillo, amarillo verdoso, rosa o naranja. La cocción a una temperatura especialmente caliente la hacía más dura y resistente. El tejido de la cerámica (características de la arcilla) contenía normalmente un rico temple vegetal y ocasionalmente arena arenosa. (En alfarería, el temple es algo mezclado con la arcilla que ayuda a evitar el agrietamiento y la contracción en el proceso de secado y cocción). Los ubaidíes solían pintarlas con formas geométricas negras u ocasionalmente con motivos florales o animales. Había cerámica de todos los tamaños y formas: cántaros, jarras, cuencos (tanto poco profundos como hondos), ollas y tazas.

Este cuenco Ubaid de fondo redondeado, circa 5000 a. e. c., presenta un color amarillo verdoso[7]

Un estilo distintivo de la cerámica Ubaid del sur de Mesopotamia es el *Hadji Muhammed*. El alfarero utilizaba un lavado de color púrpura oscuro sobre la cerámica, luego raspaba la vasija en diseños para revelar el color natural que había debajo. Los patrones incluían espiga, damero y curvas sinuosas. Este tipo de cerámica surgió en el periodo Ubaid I, pero se encuentra en periodos Ubaid posteriores. Harriet Crawford, del

---

[i] T. J., B. Wilkinson, H. Monahan y D. J. Tucker, "Khanijdal Este: A Small Ubaid Site in Northern Iraq", *Iraq* 58 (1996): 17–50. https://doi.org/10.2307/4200417.

Instituto McDonald de Investigación Arqueológica de la Universidad de Cambridge, teorizó que los ubaidíes utilizaban las cerámicas especiales de Hadji Muhammed para ocasiones festivas como nosotros podríamos sacar hoy la porcelana fina para cenas especiales[i].

¿Qué les ocurrió a los ubaidíes? ¿Cuál fue la causa de su declive? Las pruebas arqueológicas demuestran que tanto Ur como Eridu fueron abandonadas alrededor del 3800 a. e. c. Una capa de cieno de tres metros en Ur indica que una importante inundación cubrió la ciudad en esa época[ii], que también pudo afectar a la cercana Eridu. El cambio climático rápido y de gran amplitud en torno al 3700 a. e. c. afectó drásticamente a los asentamientos humanos en esta parte del mundo.

El enfriamiento global provocó el avance de los glaciares y un menor deshielo, lo que habría repercutido en los niveles de agua del golfo Pérsico, el Tigris y el Éufrates que fluyen desde los montes Tauro y el lago Hammar, adyacente a Eridu. La mayor parte de Oriente Próximo, incluido el sur de Mesopotamia, experimentó una mayor aridez, lo que afectó al agua dulce disponible, complicó la agricultura y provocó un aumento de las tormentas de arena. Estos drásticos cambios climáticos provocaron desplazamientos de población en todo Oriente Próximo[iii]. Es posible que el pueblo Ubaid muriera en su mayor parte debido a las duras condiciones, y que los restos emigraran a otras zonas y se asimilaran a las poblaciones locales.

---

[i] Carter & Philip, "Beyond the Ubaid", 163-168.

[ii] C. Leonard Woolley, "Excavations at Ur", *Journal of the Royal Society of Arts* 82, nro. 4227 (1933): 46-59. http://www.jstor.org/stable/41360003.

[iii] Joanne Clarke, et al. "Climatic Changes and Social Transformations in the Near East and North Africa during the 'Long' 4th Millennium BC: A Comparative Study of Environmental and Archaeological Evidence", *Quaternary*

Capítulo 2: El periodo preacadio

¿Quiénes eran los sumerios? ¿Cuáles fueron sus orígenes? Tras las culturas prehistóricas de Hassuna, Samarra, Halaf y Ubaid, la potencia mesopotámica de los IV y III milenios a. e. c. fue Sumer, con ciudades a lo largo de los ríos Éufrates y Tigris y el golfo Pérsico. El nombre de Sumer significaba «tierra de los reyes civilizados» en lengua acadia. Algunos eruditos creen que fueron una consecuencia y continuación de la cultura Ubaid de Uruk. Otros piensan que emigraron al sur de Mesopotamia y superaron y asimilaron los restos de la cultura ubaíd.

¿Nos da la lingüística alguna pista sobre sus orígenes? Los sumerios hablaban una lengua aislada, lo que significa que no estaba relacionada con las lenguas semíticas, elamitas o cualquier otra lengua conocida. Dado que la cultura ubaíd era prealfabeta, no sabemos si su lengua fue precursora de la lengua sumeria. La poesía épica sumeria alude a una ubicación al norte de Irán para los orígenes de los sumerios. Su lengua era aglutinante (encadenamiento de varios morfemas en una palabra), como algunas lenguas de la región del mar Caspio[i]. Sin embargo, la lengua muestra complejos préstamos de otras lenguas que dificultan su rastreo[ii]. Tanto si se trataba de una continuación de los ubaidíes como de emigrantes del noreste, la población de Uruk fluyó sin interrupción desde la época ubaíd hasta el periodo sumerio. Sin embargo, alrededor del 4000 a. e. c., Uruk evolucionó hasta convertirse en una ciudad

---

[i] Jonathan R. Ziskind, "The Sumerian Problem".

[ii] Gonzalo Rubio, "On the Alleged 'Pre-Sumerian Substratum", *Journal of Cuneiform Studies* 51 (1999): 1–16. https://doi.org/10.2307/1359726.

propiamente dicha con una cultura elaborada, y comenzó una explosión de innovación.

Varias ciudades sumerias se convirtieron en formidables ciudades-estado independientes de otras ciudades política y económicamente. Cada ciudad tenía su propio rey que gobernaba la zona urbana, así como las aldeas y tierras rurales circundantes. Cada ciudad-estado era como su propio pequeño país. A veces, el poderoso rey de una ciudad asumía el «reinado» sobre varias otras ciudades. Según la antigua *Lista Real Sumeria*, que data al menos del III milenio a. e. c., esto ocurría cíclicamente, antes y después del Gran Diluvio.

La *Lista Real Sumeria* registra que después de que el Gran Diluvio arrasara la tierra, la ciudad de Kish ostentaba la «realeza» o soberanía sobre otras ciudades. Luego Eanna derrotó a Kish y tomó la realeza, luego Uruk, luego Ur, y así sucesivamente. La *Lista Real Sumeria* registra que los reyes anteriores al diluvio vivieron decenas de miles de años, y los reyes posteriores al diluvio gobernaron durante un siglo o más hasta Gilgamesh, después de lo cual el reinado típico duró treinta años más o menos.

¿Los largos reinados representan dinastías y no personas individuales? ¿O los reyes anteriores a Gilgamesh eran simplemente míticos? Al menos algunos reyes posteriores a Gilgamesh (y uno anterior a él) eran personas reales, ya que las inscripciones con los nombres de los gobernantes y otros datos arqueológicos avalan su existencia. Pero 385.200 años de ocho reyes antes del Diluvio Universal y 28.000 años de reyes después del diluvio y antes de Gilgamesh y el Periodo Dinástico Temprano (circa 2900-2350 a. e. c.) ponen a prueba su credibilidad.

Los pioneros sumerios se adelantaron en ingeniería hidráulica, construyendo intrincados sistemas de irrigación para los cultivos, junto con diques y acequias para aprovechar las crecidas perennes del Tigris y el Éufrates. Fueron los primeros en construir enormes murallas que rodeaban resplandecientes templos y palacios de varios pisos. Crearon imponentes torres zigurat, majestuosas columnas, decoraciones de bronce e impresionantes mosaicos y pinturas murales con figuras de asombroso realismo.

---

[i] *Lista de reyes sumerios*, Traducción de Jean-Vincent Scheil, Stephen Langdon y Thorkild Jacobsen, *Livius*. https://www.livius.org/sources/content/anet/266-the-sumerian-king-list/#Translation.

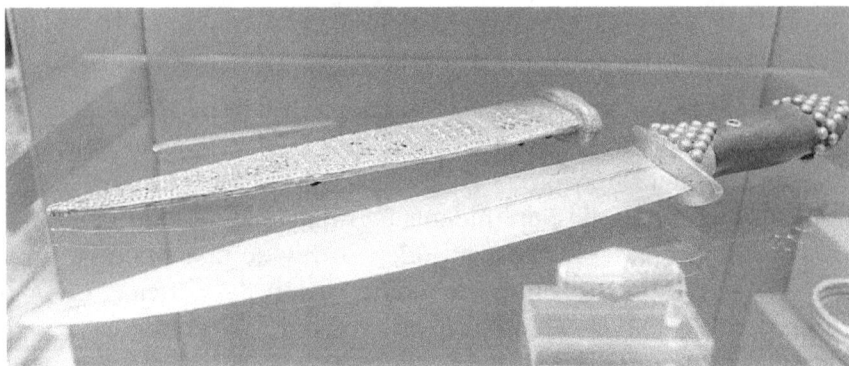

Leonard Wooley descubrió este notable cuchillo y vaina de oro con mango de lapislázuli en la tumba real de A'anepada, hijo de Mesannepada (circa 2550-2400 a. e. c.) [8]

Hablando de bronce, los sumerios fueron probablemente los primeros —alrededor del año 3300 a. e. c.— en mezclar cobre y estaño para dar paso a la Edad de Bronce. La resistencia y durabilidad del bronce produjeron armas y herramientas superiores. Astutos en metalurgia, los sumerios también trabajaron el oro y otros metales preciosos en la Edad de Bronce temprana. En la tumba real de Ur, el famoso arqueólogo Leonard Wooley descubrió la sorprendente «daga de Ur», con su vaina y hoja de oro macizo bellamente trabajadas y una empuñadura de lapislázuli del azul más intenso tachonado de oro. Otros hallazgos sensacionales fueron un casco de oro elaborado con una excelencia técnica excepcional, una copa de oro y liras recubiertas de placas de plata[i].

Los sumerios desarrollaron el primer sistema de escritura del mundo, inicialmente pictografías, hacia el 3800 a. e. c. Utilizando la punta de las cañas, rayaban símbolos infantiles en arcilla húmeda que se endurecía, preservando su escritura durante milenios. Estas tablillas de arcilla nos ofrecen una visión asombrosa de su cultura y su historia. Los primeros símbolos servían para registrar ventas y datos administrativos, pero no conceptos abstractos. Más tarde, estos símbolos evolucionaron hacia el cuneiforme, más sofisticado, en el que escribieron la primera literatura, incluida la poesía épica y los primeros códigos legales.

En lugar de rayar dibujos en la arcilla, escribían cuneiforme presionando el extremo de una caña cortada en la arcilla húmeda, haciendo impresiones estilizadas en forma de cuña. Hacia el 2900 a. e. c., disponían de unos seiscientos símbolos que representaban palabras.

---

[i] Woolley, "Excavations at Ur", 46-59.

Los sumerios abrieron las primeras escuelas para enseñar el cuneiforme. Se tardaba una docena de años en memorizar los símbolos y adquirir la destreza suficiente para convertirse en escriba. Otras civilizaciones utilizaron el sistema cuneiforme sumerio para sus propias lenguas durante los tres milenios siguientes, incluidos los acadios, elamitas, asirios, babilonios e hititas.

A la izquierda, un sello cilíndrico que data del año 3000 a. e. c. o más antiguo. A la derecha, la impresión reciente de este antiguo sello sobre arcilla húmeda. Las criaturas míticas representadas son serpopardos-leones con cuellos de serpiente. Sobre ellos vuelan águilas con cabeza de león. [9]

Además de escribir cuneiforme sobre arcilla húmeda, los sumerios utilizaban elegantes sellos cilíndricos hacia el 3500 a. e. c., que eran similares a los sellos utilizados por los ubaidíes. Rodaban estos cilindros de cuatro pulgadas en arcilla húmeda, dejando un dibujo o una inscripción identificativa. Los cilindros eran de metal o de piedra semipreciosa, como lapislázuli o mármol, y los sumerios los llevaban en un cordón alrededor del cuello o prendidos a la túnica exterior. Todas las clases sociales utilizaban sellos cilíndricos para certificar transacciones comerciales y para «firmar» cartas.

Los sumerios no inventaron la rueda, pero descubrieron cómo utilizarla para el transporte. La rueda más antigua encontrada en excavaciones arqueológicas era un *tournette*, un torno de alfarero básico torneado a mano. Fue hallada en Irán y datada entre los años 5200 y 4700 a. e. c. Los sumerios desarrollaron el *tournette* hasta convertirlo en un torno de alfarero rápido de giro libre con un eje; en Ur se desenterró uno que databa del 3100 a. e. c. También en Ur, Leonard Wooley descubrió una tinaja con un sello de arcilla impreso con una burda representación de dos hombres en un carro o calesa tirado por un asno. Este vehículo de ruedas data de alrededor del año 3750 a. e. c. ¡Es la prueba más antigua de una rueda utilizada para el transporte![i].

---

[i] Woolley, "Excavations at Ur", 46-59.

El Estandarte de Ur, un mosaico con un fondo de lapislázuli e imágenes de caliza roja y concha que representan carros primitivos de cuatro ruedas desplazándose sobre cuerpos de guerreros muertos[10]

Las primeras ruedas de transporte sumerias eran discos macizos de madera cortados horizontalmente de un tronco de árbol. Se cincelaba un agujero en el centro del disco y, a través de él, insertaban un eje giratorio. Los primeros carros evolucionaron rápidamente hasta convertirse en carros tirados por onagros (un asno grande parecido a un caballo). Los mesopotámicos no empezaron a utilizar caballos hasta alrededor del año 2400 a. e. c. Estos primeros carros de cuatro ruedas aparecen en el mosaico del Estandarte de Ur, que data de alrededor del 2600 a. e. c.

Los sumerios estaban brillantemente avanzados en lo que se refiere a las matemáticas. Empezaron desarrollando un sistema de conteo con las dos manos, pero con su método podían llegar mucho más allá de la decena. Por un lado, contaban hasta doce con los cuatro dedos. Una vez llegados a doce, levantaban un dedo de la otra mano. Luego, volvían a contar hasta doce y levantaban el segundo dedo. Utilizando los cuatro dedos y el pulgar, podían contar hasta sesenta en sus dos manos. Los sumerios utilizaban un sistema sexagesimal para contar de sesenta en sesenta. En nuestro conteo actual, utilizamos decenas —10, 20, 30—, pero ellos hacían 60, 120, 180, y así sucesivamente.

Hacia el IV milenio a. e. c., los sumerios utilizaban pequeños objetos de arcilla para representar los números. El número uno era un cono diminuto, el número diez era una bolita y el número sesenta era un cono más grande. Utilizaron pictogramas de estos objetos para escribir los números a medida que desarrollaban la escritura. Crearon ingenuamente el concepto del tiempo, utilizando un minuto de sesenta segundos y una hora de sesenta minutos. Dividieron la noche y el día en dos secciones de doce horas. Hacia el 3800 a. e. c., utilizaban medidas sencillas y, hacia el 2600 a. e. c., multiplicaban y dividían, además de utilizar raíces cuadradas y cúbicas y geometría básica. Hacia el 2300 a. e. c., utilizaban un ábaco con el sistema sexagesimal.

Quizá no tan importante como la rueda y la escritura, pero, aun así, un elemento intrínseco de la cultura sumeria era la cerveza. En el *Himno a Ninkasi*, la diosa de la cerveza, los sumerios registraron la primera receta conocida del mundo para elaborar cerveza. La cerveza sumeria era más parecida a un batido. Era muy espesa y a menudo se bebía con pajita, pero tenía un contenido alcohólico similar al de la cerveza actual. En lugar de que cada uno tuviera su propia jarra, las obras de arte sumerias a menudo representan a varias personas utilizando largas pajitas de caña para beber de una jarra comunal de cerveza.

Aparte de su diosa de la cerveza, los sumerios adoraban a un panteón de deidades con imágenes y actividades similares a las humanas. Sus dioses se casaban, tenían hijos, rivalizaban por el poder, engañaban, robaban y se mataban entre sí. Cada ciudad-estado de Sumeria —y la mayoría de las culturas del resto de Mesopotamia— tenía un dios o diosa patrón. Adoraban a otros dioses, pero su dios patrón era el protector y campeón de su ciudad.

La tríada principal de dioses que gobernaban el cielo, la tierra y el inframundo eran An (Anu), gobernante supremo del cielo; Enlil, dios del viento; y Ea (Enki), dios de la tierra y las aguas subterráneas. Ea era el dios patrón de Eridu y protegió a los humanos del Gran Diluvio advirtiendo a un hombre (Utnapishtim) que construyera un arca para salvar la vida humana y animal. El culto a estos tres dioses impregnó la mayoría de los demás sistemas de creencias mesopotámicos, incluidos los acadios.

Esta impresión de sello cilíndrico representa al dios Ea (Enki) [11]

Inanna fue una diosa importante en toda Mesopotamia; era la deidad patrona de Uruk y la diosa de la belleza, el amor, el sexo, el poder político y la guerra. Más tarde se convirtió en la diosa patrona de Agadé, la capital del Imperio acadio, y fue adorada como Ishtar por los babilonios y los asirios. Inanna era conocida por seducir a hombres humanos para que fueran sus maridos, pero eso no les iba bien a los hombres: ¡uno de los maridos tenía que pasar la mitad del año en el inframundo!

Inanna (Ishtar) también era conocida por amenazar repetidamente con romper las puertas del inframundo, emborrachar a su padre (Anu), robar los dones de la civilización para Uruk y soltar al toro del cielo porque Gilgamesh desdeñó su propuesta de matrimonio. Ishtar ocupó un lugar destacado en los primeros años de la vida de Sargón el Grande, el fundador del Imperio acadio.

¿Cuáles fueron algunas ciudades clave de Sumeria y quiénes fueron sus principales reyes en los milenios que precedieron al Imperio acadio? Uruk y Ur fueron probablemente la segunda y tercera ciudades más antiguas. Uruk comenzó como un asentamiento ubaíd alrededor del año 5000 a. e. c. y siguió existiendo hasta la conquista islámica alrededor del año 633 e. c., ¡es decir, casi seis mil años! Uruk ostentó la «realeza» o el dominio de Sumer durante unos ochocientos años, a partir de alrededor del 4000 a. e. c.

Hacia el 3100 a. e. c., Uruk pudo haber sido la ciudad más grande del mundo, con una población estimada de cuarenta mil habitantes, más ochenta mil en las aldeas rurales y pueblos más pequeños que formaban parte de la ciudad-estado. Uruk inició la construcción en piedra de inmensos palacios y altos zigurats. En el periodo de Uruk (4100-2900 a. e. c.), Uruk dominaba a las demás ciudades del sur de Mesopotamia. Era esencialmente un pequeño imperio que servía como centro comercial.

El líder preeminente de Uruk en la época sumeria fue el rey Gilgamesh, que gobernó Uruk en algún momento entre 2800 y 2500 a. e. c. Aunque es famoso debido a su mito, fue un rey real. Apareció en la *Lista Real Sumeria*, en una inscripción de piedra en Ur, en la *Crónica Tummal* (que dice que construyó el Dunumunbura, el estrado de Enlil)[i], y en un fragmento de un texto encontrado en Tell Haddad que decía que fue enterrado bajo el río Éufrates, que habría sido desviado temporalmente para su entierro.

---

[i] *La Crónica Tummal*, Livio. https://www.livius.org/sources/content/mesopotamian-chronicles-content/cm-7-tummal-chronicle.

El poema épico babilónico *Gilgamesh y Aga* no tiene monstruos, dioses ni otros elementos míticos; es solo un relato de cómo Aga, rey de Kish, exigió que los ciudadanos de Uruk se convirtieran en esclavos de Kish. Quería que cavaran pozos y sacaran agua[i]. La *Lista Real Sumeria* informa de que Kish tenía hegemonía (supremacía) sobre Uruk. El rey Gilgamesh convenció a los ancianos para que rechazaran las órdenes de Aga. El rey Aga y su ejército asediaron Uruk, pero el amigo de Gilgamesh, Enkidu (que también aparece en la *Epopeya de Gilgamesh*) dirigió un ataque exitoso. Capturó a Aga y la guerra terminó con la paz entre Aga y Gilgamesh.

Aunque la *Epopeya de Gilgamesh* contiene ciertamente elementos fantásticos, debemos recordar que los acontecimientos y personajes históricos adquieren a menudo cualidades mitológicas, ya que las historias se vuelven a contar y embellecen a lo largo de los siglos[ii]. Por ejemplo, ¿lanzó realmente George Washington un dólar de plata a través del Potomac? ¿No? ¿Significa eso que no fue el primer presidente de los Estados Unidos de América?

En este bajorrelieve, hacia 2255 a. e. c., Gilgamesh mata al toro del cielo [12]

---

[i] *Gilgamesh y Aga: Traducción*, The Electronic Text Corpus of Sumerian Literature, 2000.
https://etcsl.orinst.ox.ac.uk/section1/tr1811.htm

[ii] *La Epopeya de Gilgamesh*, Academy of Ancient Texts.
https://www.ancienttexts.org/library/mesopotamian/gilgamesh/.

¿De qué trata la *Epopeya de Gilgamesh*? Gilgamesh era un rey inmoral que desfloraba a las vírgenes de su reino antes de que pudieran acostarse con sus maridos en su noche de bodas. Sus ciudadanos descontentos enviaron a una prostituta al desierto para domar a Enkidu, un hombre salvaje que vivía con las bestias del campo y comía hierba. Después de que Enkidu mantuviera relaciones sexuales con la prostituta durante días, los animales salvajes no quisieron saber nada más de él, así que aceptó ir a Uruk para cambiar el orden de las cosas.

Tras llegar a Uruk, Enkidu impidió a Gilgamesh violar a una nueva novia, y los dos hombres, que eran los más fuertes de la tierra, se enzarzaron en una feroz lucha. Ninguno pudo vencer al otro, así que se besaron y se hicieron amigos. Olvidándose de la novia, viajaron al bosque de cedros del Líbano y mataron al monstruo Humbaba. De regreso a Uruk, la diosa Inanna (Ishtar) se enamoró de Gilgamesh, pero este rechazó su proposición.

Furiosa, Inanna exigió a su padre, el dios principal Anu, que le entregara el toro del cielo. Ella lo condujo a Uruk, donde resopló y enterró a los hombres en profundas fosas. Enkidu cogió al toro por los cuernos y Gilgamesh lo mató. Sin embargo, los dioses decretaron que uno de los hombres debía morir por matar a las dos bestias divinas: el monstruo Humbaba y el toro del cielo. El veredicto recayó sobre Enkidu, y Gilgamesh lo lloró, negándose a que lo enterraran hasta que un gusano cayó de la nariz de su amigo muerto.

Enfrentado a su mortalidad, el angustiado Gilgamesh viajó entonces en busca de Utnapishtim, la figura parecida a Noé que construyó el arca para salvar a los humanos y a los animales del diluvio y se convirtió en inmortal. Gilgamesh fracasó en su búsqueda de la inmortalidad, pero regresó a Uruk, reconociendo su humanidad y dándose cuenta de que la ciudad era su destino. Aunque moriría, todo el bien que trajera a Uruk perduraría.

La gran ciudad de Ur estaba situada estratégicamente, donde el Éufrates desembocaba en el golfo Pérsico. Debido al comercio procedente del río y del golfo, Ur era una ciudad asombrosamente rica. Los pantanos que rodeaban Ur proporcionaban tierras fértiles para la agricultura. Una gran inundación acabó con el asentamiento de los ubaidíes allí hacia el 3800 a. e. c., pero en tres siglos, los sumerios reconstruyeron Ur. Creció hasta alcanzar una población estimada de treinta y cuatro mil habitantes. La ciudad de Ur fue el hogar de los antepasados semitas del patriarca Abraham, que probablemente vivió cerca del final del Imperio acadio.

La increíble riqueza de Ur quedó patente en la «fosa de la muerte» descubierta por Leonard Wooley en 1926. Alrededor del año 2600 a. e. c., una gran reina o sacerdotisa llamada Puabi fue enterrada con más de cien soldados y asistentes, que habían sido sacrificados para acompañarla al inframundo. Un espectacular tesoro compartía su tumba. Los arqueólogos encontraron un tocado y una vajilla de oro, collares de oro y lapislázuli, cinturones, liras y un carro de plata.

El notable rey Mesanepada de Ur derrocó a Lugal-kitun de Uruk, rompiendo el dominio de Uruk sobre Sumer e inaugurando la primera dinastía de Ur (2500-2445 a. e. c.). La *Lista Real Sumeria* dice que gobernó durante ochenta años. También gobernó la ciudad de Kish, según la documentación del Cementerio Real de Ur. Su hijo Meskiagnun estaba casado con la reina Gan-saman, que probablemente era acadia. El cuenco de Gan-Saman, encontrado en Ur tenía una inscripción de la reina a su marido; estaba escrito en lengua acadia utilizando la escritura cuneiforme al menos un siglo antes que Sargón el Grande.

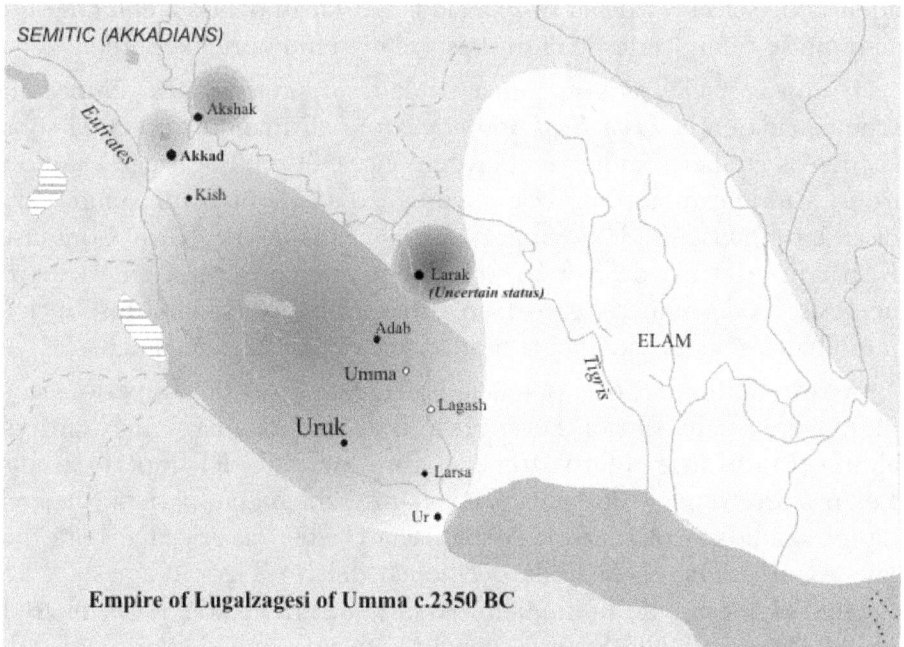

Este mapa muestra algunas de las ciudades clave de Mesopotamia justo antes del Imperio acadio[18]

La ciudad sumeria de Lagash fue un centro artístico clave en el río Tigris, a unas catorce millas al este de Uruk. Alrededor del 2500 a. e. c., en su primera dinastía, Lagash fue primero una ciudad tributaria de Uruk y luego alcanzó la independencia hasta que los acadios la conquistaron. El rey Eannatum fue un rey sensacional que construyó un mini imperio. Aplastó los asentamientos elamitas en el golfo Pérsico, obtuvo ascendencia sobre la mayoría de las ciudades de Sumer y extendió las fronteras de su territorio hacia el norte hasta Akshak, abarcando la región de Acad.

Kish era una ciudad principal a orillas del Éufrates en el centro de Mesopotamia, al sur de la supuesta ubicación de Acad. Sargón el Grande creció como hijo de un jardinero en Kish y sirvió como copero del rey Ur-Zababa. La *Lista Real Sumeria* dice que Kish fue la primera ciudad en tener «realeza» tras el Gran Diluvio, y recuperó la «realeza» varias veces, una de ellas por la reina Ku-Baba, una tabernera. Los nombres de sus primeros monarcas insinúan una influencia semítica-acadia desde sus inicios. Debido a su ubicación en el norte de Sumer, los reyes sumerios más poderosos declaraban que eran el «rey de Kish» además de ser el rey de su propia ciudad; estaban dando a entender que su reino se extendía desde el sur hasta el extremo norte de Sumer.

Umma, en el Tigris, era una ciudad sin pretensiones. Nunca fue mencionada en la *Lista Real Sumeria* como afirmando su realeza sobre las demás ciudades sumerias. Pero entonces, el rey Lugalzagesi subió al trono, y todo cambió. Lugalzagesi comenzó a conquistar una ciudad tras otra: Uruk, Lagash, Ur, Nippur, Larsa y finalmente Kish. Conquistó Kish con la ayuda de Sargón, que un día se convertiría en su mayor némesis. Toda Sumeria cayó bajo su control y, según una inscripción, pudo haber conquistado tan al oeste como el mar Mediterráneo.

Aparte de Sumer, otra potencia emergente antes del Imperio acadio fue Assur. Estaba situada en el norte de Mesopotamia, y más tarde se alzaría para formar el feroz Imperio asirio después del Imperio acadio. Los pastores semitas de habla acadia —probablemente parientes lejanos de los acadios— colonizaron Assur hacia el 2600 a. e. c. La Torá dice que Assur estaba en la orilla occidental del río Tigris (Génesis 2:14). Recibió el nombre de su fundador Assur, que era hijo de Sem y nieto de Noé (Génesis 10:22). Assur se convirtió en una ciudad-estado antes del Imperio acadio, junto con otras ciudades asirias, como Nínive, Arbela y Gasur. Los acadios llamaron a esta región Azubinum.

Las ciudades-estado rivales de Sumeria y del resto de Mesopotamia luchaban incesantemente por el poder, los bienes y el territorio. Formaron pequeños imperios y se turnaron para dominarse mutuamente. Pero pronto se enfrentarían a los acadios, un poder más allá de su comprensión.

Capítulo 3: El auge del imperio acadio

¿De dónde procedía? ¿Quién era este hombre que usurpó el trono de Kish y luego conquistó audaz y dramáticamente toda Mesopotamia y más allá? ¿No era Sargón solo el hijo del jardinero? ¿Cómo hizo este oscuro expósito para engullir partes de la actual Turquía, Irán occidental y Siria en una época en la que el imperialismo era un concepto novedoso? De algún modo, este joven aparentemente insignificante ascendió a un poder increíble y reinó desde el golfo Pérsico hasta el mar Mediterráneo. Exploremos el ascenso sin precedentes del Imperio acadio y de su primer rey, Sargón el Grande, que reinó entre los años 2334 y 2279 a. e. c.

Un tema recurrente en la literatura antigua es la historia de un bebé abandonado en una cesta flotando río abajo, un bebé que crecería para convertirse en el líder revolucionario de un nuevo reino. Rómulo y su gemelo Remo bajaron a la deriva por el Tíber para ser amamantados por una loba y luego pasaron a fundar Roma. Moisés flotó por el Nilo para ser adoptado por una princesa egipcia y más tarde lideró la nueva nación israelita. Pero antes que Rómulo, Remo y Moisés, Sargón fue abandonado al río, o al menos eso dice una «autobiografía» escrita probablemente más de mil años después de su muerte.

Una tablilla de arcilla que data del año 1200 a. e. c. o posterior revela supuestamente la historia del nacimiento de Sargón con sus propias palabras. No sabemos si se trata de una copia de un original más antiguo o si es un relato ficticio. Muchos eruditos lo llaman «pseudoautobiografía». Hablaremos más de esta historia en el capítulo 9, pero dice que la madre de Sargón era una gran sacerdotisa. Nunca conoció a su padre, pero de algún modo sabía que la familia de este vivía en las tierras altas, en Azupiranu (palabra acadia que significa «Ciudad del Azafrán»), a orillas del Éufrates.

La madre de Sargón lo concibió y dio a luz en secreto. La historia no dice por qué tuvo que ocultar el nacimiento; presumiblemente, no estaba casada con el padre. Lo puso en una cesta de juncos y lo echó al río, que lo llevó río abajo hasta donde un hombre llamado Akki estaba sacando agua para el riego. Akki lo sacó del agua, lo crio como su hijo adoptivo y lo puso a trabajar en un bosquecillo de dátiles, donde la diosa Ishtar lo «amaba».

Sargón y su padre adoptivo Akki vivían en Kish, y es posible que cuidaran el jardín del palacio o que vendieran sus productos al palacio. La *Lista Real Sumeria* dice que el padre de Sargón era jardinero y que Sargón era copero de Ur-Zababa, rey de Kish. Sargón debió de ser un joven excepcional para ascender de humilde jardinero a copero del rey. Un copero servía las bebidas del rey, probándolas primero para asegurarse de que el vino no tenía veneno. Un copero estaría en presencia del rey casi todo el tiempo. Sería una persona de confianza que vería y oiría todo lo que ocurría alrededor del rey. Probablemente, sería una caja de resonancia informal y confidente del rey.

La tablilla de Sargón y Ur-Zababa relata cómo Sargón se convirtió en copero del rey Ur-Zababa y lo que ocurrió poco después[i]. Debido a que la tablilla estaba fragmentada, faltan algunas líneas, lo que deja que uno adivine lo que ocurrió en algunos lugares. Comienza diciendo que Kish había sido como una ciudad embrujada, pero bajo su «pastor», el rey Ur-Zababa, se había convertido de nuevo en un asentamiento vivo. Los canales de irrigación fluían, las azadas de los campesinos labraban la tierra, los hornos producían cerámica y metalistería, y Kish prosperó.

---

[i] "Sargon and Ur-Zababa", *The Electronic Text Corpus of Sumerian Literature,* Oxford: Facultad de Estudios Orientales, Universidad de Oxford, 2006. https://etcsl.orinst.ox.ac.uk/cgi-bin/etcsl.cgi?text=t.2.1.4#.

Sin embargo, los dioses Enlil y An decidieron poner fin al reinado de Ur-Zababa y elevar a Sargón al trono. Una noche, Sargón llevó al palacio las entregas habituales (presumiblemente productos agrícolas, ya que Sargón y su padre eran jardineros). El rey estaba durmiendo y tuvo un sueño inquietante, pero no lo comentó con nadie. Sin embargo, a raíz de la visión, Ur-Zababa nombró a Sargón su copero, poniéndolo a cargo de la despensa de las bebidas. Su ascenso fue el resultado del favor de la diosa Inanna sobre Sargón.

Al cabo de una semana, ocurrió algo que aterrorizó al rey Ur-Zababa. Aquí, faltan líneas en la tablilla, por lo que se especula sobre lo que lo asustó. Sabemos que el rey Lugalzagesi de Uruk, que había estado conquistando sistemáticamente todas las ciudades de Sumer y dejando a los sumerios horrorizados por su brutal ferocidad, se dirigía hacia él. O posiblemente Ur-Zababa temía por su salud. La tablilla dice que el rey se orinó y que había sangre y pus en su orina, lo que sugiere una grave infección renal.

En ese momento, Sargón tuvo un sueño horrible en el que la diosa Inanna ahogaba a Ur-Zababa en un mar de sangre. Sargón se agitó en su sueño, gimiendo. Cuando llegó a oídos del rey la noticia de que Sargón había tenido un sueño perturbador, el rey Ur-Zababa llamó a Sargón. Le preguntó: «¿Qué has soñado?». Sargón se lo contó y Ur-Zababa se mordió el labio de miedo. Entendió que el sueño significaba que Sargón lo asesinaría. El rey creyó que debía atacar preventivamente, ¡así que tramó matar a Sargón antes de que Sargón lo matara a él!

El rey Ur-Zababa hizo que Sargón entregara sus vasos de bronce para beber al herrero jefe, Beliš-Tikal, aparentemente para fundirlos. Pero el rey había ordenado en secreto a Beliš-Tikal que arrojara a Sargón al molde de la estatua y lo cubriera con el metal fundido. ¡Sargón se convertiría en una estatua de bronce! Afortunadamente, la diosa Inanna bloqueó el camino de Sargón al templo donde trabajaba Beliš-Tikal. «¡Este es un templo puro y sagrado! ¡Nadie manchado de sangre puede entrar!».

Al parecer, Sargón creyó que la diosa se refería a su sueño de sangre, así que se detuvo ante la puerta. Llamó al herrero para que saliera a la calle y le entregó los recipientes para beber, que el maestro herrero cogió y fundió para llenar el molde. Al cabo de una semana, Sargón regresó al palacio del rey —como un hombre sano y no como una estatua— y Ur-Zababa tembló de miedo al verlo. Con su primer plan frustrado, Ur-Zababa conjuró un nuevo complot.

En esta época, la gente enviaba mensajes escribiendo en tablillas de arcilla, pero aún no utilizaban sobres para las tablillas. Más tarde, los «sobres» eran una capa exterior de arcilla. La persona que recibía la carta rompía la fina capa exterior, revelando el mensaje de la capa interior. El rey de Uruk, Lugalzagesi, marchaba hacia el norte para conquistar Kish, y el rey Ur-Zababa despachó a Sargón con un mensaje en tablilla de arcilla para Lugalzagesi. La carta contenía un complot para asesinar a Sargón; aquí faltan líneas de la historia que podrían explicar por qué Ur-Zababa pidió a su enemigo que matara a su copero. Tal vez Ur-Zababa estaba ofreciendo términos de rendición a Lugalzagesi y advirtiéndole de que Sargón sería un insurgente peligroso si se le permitía vivir.

La tablilla solo tiene unas pocas líneas más, con espacios entre ellas. Como antes mencionaba que el mensaje que Sargón llevó a Lugalzagesi no tenía sobre, podemos deducir que Sargón leyó la carta. Ur-Zababa probablemente supuso que Sargón, el hijo del jardinero, no sabía leer (y se tardaban años en aprender a leer cuneiforme), pero tal vez Sargón hizo que alguien le leyera el mensaje. En cualquier caso, parece que Sargón manipuló de algún modo los asuntos para unir fuerzas con Lugalzagesi contra Ur-Zababa y Kish.

Sabiendo que estaba condenado si continuaba sirviendo a Ur-Zababa, Sargón probablemente cambió de alianzas, ofreciendo su conocimiento interno de los asuntos de palacio a Lugalzagesi. De algún modo, Ur-Zababa quedó fuera y Sargón se convirtió en gobernante de Kish, probablemente como gobernante vasallo bajo Uruk y Lugalzagesi. Cuando Sargón usurpó el trono de Kish, pudo ser cuando tomó el nombre del trono «Sargón», que provenía de la palabra acadia *Sarru-kin*, que significa «verdadero rey». Se desconoce el nombre de infancia de Sargón.

En algún momento, probablemente poco después de conquistar Kish, la *Lista Real Sumeria* dice que Sargón construyó la ciudad de Agadé (Acad). ¿Pero ya estaba allí? Y si es así, ¿dónde? ¿Y quiénes eran los acadios? Los acadios eran una tribu semita que muy probablemente procedía de la península arábiga. Emigraron al centro y sur de Mesopotamia a principios del III milenio o quizá antes. El asentamiento semita de Agadé (Acad) puede haber existido ya en el 2900 a. e. c.[i]. Los estudios lingüísticos de I. J. Gelb revelaron que escribas con nombres acadios aparecían en tablillas e inscripciones del *sur* de Mesopotamia ya en el 2700 a. e. c. (casi cuatro siglos antes de Sargón). Gelb creía que los acadios ya habían poblado el norte de Mesopotamia y emigraron gradualmente hacia el sur[ii]. Los acadios adoptaron la escritura cuneiforme sumeria para producir la primera lengua semítica escrita documentada.

La ciudad de Agadé (Acad) pasó de la oscuridad a un prestigio tal que siguió siendo nombrada en proclamaciones reales mucho después de que el Imperio acadio se plegara. De hecho, fue mencionada hasta Ciro el Grande. A pesar de su renombre, sus ruinas yacen bajo las arenas en algún lugar del centro de Mesopotamia, a la espera de ser descubiertas. Algunos eruditos creen que si Acad fue donde nació Sargón —y si su madre realmente lo puso en una cesta en el río— Acad estaría río arriba del Éufrates desde Kish. Pero ninguna de las dos premisas es cierta. La *Geografía de Sargón* decía: «desde Damru hasta Sippar está la tierra de Acad»[iii]. Sippar está al norte de Kish, donde el

[i] D. D. Luckenbill, "Akkadian Origins", *The American Journal of Semitic Languages and Literatures* 40, nro. 1 (1923): 1-13. http://www.jstor.org/stable/528139.

[ii] Jerrold S. Cooper, "Sumerian and Akkadian in Sumer and Akkad", *Orientalia* 42 (1973): 239. http://www.jstor.org/stable/43079390.

[iii] *La geografía de Sargón*, traducida por Wayne Horowitz, *Mesopotamian Cosmic Geography*

Éufrates y el Tigris casi se juntan, y por los documentos babilónicos, Damru parece haber estado cerca de Kish.

El experto de la semántica Christophe Wall-Romana rastreó más de 160 citas de Agadé (Acad) en documentos cuneiformes, intentando cotejar las referencias geográficas para circunscribir con la mayor precisión posible dónde se encontraba la capital del Imperio acadio. Su investigación revela una ubicación en el Tigris o cerca de él, en la frontera sureste de la actual Bagdad. En su opinión, dado que Sargón era rival de Lugalzagesi cuando construyó Agadé, eligió su capital en una región más allá del ámbito de poder de Lugalzagesi[i].

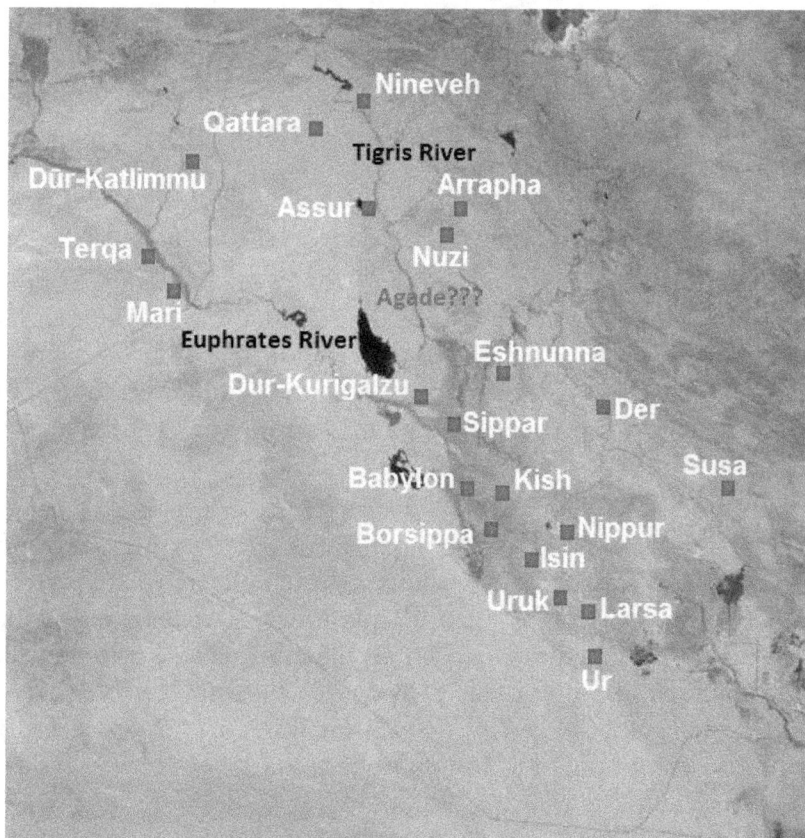

Este mapa representa una posible ubicación de Agadé (Acad) en el río Tigris, entre Eshnunna y Assur, al sureste de la actual Bagdad

Mapa modificado: localización de los ríos Éufrates y Tigris y posible ubicación de Agadé[ii]

---

[i] Christophe Wall-Romana, "An Areal Location of Agade", *Journal of Near Eastern Studies* 49, nro. 3 (1990): 205-45. http://www.jstor.org/stable/546244.

En el relato sumerio *La maldición de Agadé*, del que hablaremos en el capítulo 5, la ciudad de Agadé (Acad) era una ajetreada ciudad portuaria. «Su puerto, donde atracaban los barcos, estaba lleno de agitación»[i]. El prólogo del Código de Hammurabi enumera muchas ciudades mesopotámicas en orden geográfico, y nombra a Eshnunna, Agadé, Assur (Aššur o Assur) y Nínive en secuencia[ii]. Dado que las otras tres ciudades se encuentran en el río Tigris que va hacia el norte desde Eshnunna, quizás Agadé se encontraba en el Tigris, entre Eshnunna y Assur, lo que encaja con la estimación de Wall-Romana.

La civilización acadia existía en el norte y centro de Mesopotamia desde cientos de años antes de que Sargón llegara al poder, por lo que es posible que Agadé ya existiera. Tanto si Sargón simplemente restauró una ciudad más antigua, amplió una ciudad existente o construyó una nueva ciudad desde los cimientos, Agadé se convirtió en la capital del imperio de Sargón. El término *Acad* también designa la región septentrional de la antigua Babilonia; por ello, algunos eruditos utilizan la palabra *Agadé* para referirse a la ciudad y *Acad* al hablar de la región.

Aunque Sargón y Lugalzagesi colaboraron en la conquista de Kish, más tarde se enemistaron. La tablilla de arcilla con la historia de Sargón, Ur-Zababa y Lugalzagesi está muy dañada en esta sección, pero menciona a la esposa de Lugalzagesi aparentemente en referencia a Sargón. ¿Tenían un romance o algún tipo de intriga? También dice que Lugalzagesi recibió noticias tan terribles de un enviado que gritó: «¡Ay! — y se dejó caer en el polvo— ¡Sargón no cede!».

Mientras Lugalzagesi consolidaba su dominio sobre las ciudades sumerias del sur, Sargón había estado acumulando fuerzas y poder en el norte de Mesopotamia. Es probable que uniera a las dispersas tribus de habla acadia. Ahora marchaba con su ejército hacia Uruk. Lugalzagesi reunió rápidamente un enorme ejército de cincuenta *ensis*. Un *ensi* era el rey de una ciudad-estado, así que Lugalzagesi convocó a todos los príncipes de Sumer para luchar contra Sargón.

En dos acaloradas batallas, Sargón arrolló a las fuerzas sumerias. Quizá los *ensis* sumerios no estaban entusiasmados con la idea de luchar

---

[i] *La maldición de Agade*, traducido por Jerrold S. Cooper, Baltimore: Johns Hopkins University Press, 1983.

[ii] *El Código de Hammurabi*, traducido por L.W. King, *The Avalon Project: Documents in Law, History*.

---

por su feroz señor, Lugalzagesi. Sargón sitió Uruk, demolió sus murallas y capturó a Lugalzagesi. Colocó un yugo en el cuello de Lugalzagesi y lo arrastró hasta Nippur, obligándolo a atravesar avergonzado la puerta de Nippur. ¿Por qué Nippur? Era el santuario sagrado del dios Enlil, y Enlil era el dios patrón de Lugalzagesi. Sargón demostró que Lugalzagesi había perdido el patronazgo de Enlil y estaba agotado de su poder.

En el pedestal del ídolo de Enlil, Sargón inscribió:

>«Sargón, rey de Acad, supervisor de Inanna, rey de Kish, ungido de Anu, rey de la tierra, gobernador de Enlil. Derrotó a la ciudad de Uruk y derribó sus murallas; en la batalla de Uruk, venció, tomó a Lugalzagesi, rey de Uruk, en el transcurso de la batalla y lo condujo con un collar hasta la puerta de Enlil».

La tierra de Sumer estaba ahora libre de su cruel amo, Lugalzagesi, que había incendiado las ciudades de Sumer, se había apoderado de sus metales preciosos y joyas, había destruido las estatuas de sus dioses, derribado sus hogares y cortado las manos a cualquiera que lo desafiara. Los sumerios creían que los dioses habían juzgado a Lugalzagesi por sus pecados[i].

Esta cabeza de cobre —posiblemente de Sargón— marcó un cambio en la expresión artística de la realeza con rasgos realistas y una artesanía precisa [16]

---

[i] Marvin A. Powell, "The Sin of Lugalzagesi", *Wiener Zeitschrift Für Die Kunde Des Morgenlandes* 86 (1996): 307-14. http://www.jstor.org/stable/23864744.

El auge del Imperio acadio marcó un momento decisivo en la historia de Mesopotamia, no solo por la parte del imperio, sino también por el dominio de los semitas acadios sobre los sumerios. A partir de ese momento, los pueblos semitas —acadios, asirios y babilonios— mantuvieron el dominio durante la mayor parte del resto de la historia de la antigua Mesopotamia, hasta la invasión de los persas. ¿La pugna de Sargón con Lugalzagesi nació de una disputa racial largamente fraguada, o se trataba simplemente de dos reyes que se disputaban el poder, como había sucedido a lo largo de la historia de Sumer?

Lo más probable es que se tratara simplemente de un encuentro de poder sin trasfondo racial. Ninguno de los dos reyes se identificaba como sumerio o semita, solo como rey de las ciudades y de la tierra. Gobernaban unidades políticas, no facciones raciales. La *Lista Real Sumeria* revela que las familias reales de Sumer cambiaban de nombres sumerios a semitas y viceversa. Sumerios y semitas parecían convivir pacíficamente y asimilaban mutuamente sus culturas. El propio Sargón rezaba a los dioses sumerios[i].

Las ampulosas inscripciones reales de Sargón y otros relatos contemporáneos a su vida están fragmentados; fueron reescritos y probablemente alterados por escribas posteriores. Los pocos materiales disponibles que datan de la vida de Sargón o poco después son demasiado escasos para formar una imagen compuesta. Muchos relatos de la vida de Sargón estuvieron disponibles un siglo más tarde, pero para entonces ya habían degenerado en mitos, por lo que queda la tarea de comparar los relatos con lo que Sargón dijo de sí mismo y tratar de rastrear lo que realmente sucedió. Quizá cuando la ciudad de Agadé sea finalmente descubierta y resucitada de las arenas del desierto, podamos unir más piezas del rompecabezas sobre Sargón y sus sucesores.

---

[i] Thorkild Jacobsen, "The Assumed Conflict between Sumerians and Semites in Early Mesopotamian History", *Journal of the American Oriental* Society.

Capítulo 4: La edad de oro del imperio acadio

En los siglos que siguieron al gobierno de Sargón sobre el Imperio acadio, los mesopotámicos —incluso los que no eran acadios— lo llamaron su Edad de Oro. Aunque otros gobernantes con nombres semíticos, como Ur-Zababa, habían gobernado Kish, Sargón trascendió a sus predecesores. Sargón continuó donde lo había dejado Lugalzagesi: consolidando el control de toda Sumer y expandiéndose después hacia el norte, hacia el centro y el norte de Mesopotamia. Conquistó al este del gran Éufrates y al oeste del Tigris, y luego extendió el imperio tan al este como el Mediterráneo y al norte hasta la actual Turquía. Sargón estableció una tradición militar y un estilo de gobierno que sirvieron de prototipo para otras dinastías e imperios mesopotámicos. Dejó tras de sí un sólido legado, que sus hijos y su nieto mantuvieron firme.

Después de que Sargón, rey de Kish y Agadé, derrotara a Lugalzagesi y tomara Uruk, inició exitosas campañas contra las ciudades vecinas para expandir su imperio y adquirir más recursos. Dado que Lugalzagesi ya había consolidado todo Sumer bajo su dominio, técnicamente, Sargón heredaría su reino. Pero aunque las ciudades-estado sumerias agradecieron que Sargón las liberara de Lugalzagesi, no estaban muy dispuestas a someterse al yugo de otro señor, especialmente de un advenedizo sin linaje real.

Sargón se vio obligado a sitiar cada ciudad-estado de Sumer, una tras otra, empezando por Ur, Lagash y Umma. La conquista de Ur, estratégicamente situada donde el Éufrates desembocaba en el golfo Pérsico, dio a Sargón poder sobre el tráfico fluvial y el golfo. Umma era la ciudad natal de Lugalzagesi; había gobernado allí durante siete años antes de hacer de Uruk su centro de operaciones. Umma y Lagash habían estado en guerra constante entre sí durante siglos, ya que se disputaban la línea fronteriza entre las dos ciudades-estado hasta que Lugalzagesi llegó al poder en Umma. Ahora, ambas ciudades cayeron bajo el dominio de Sargón, que puso fin a la primera dinastía de Lagash (2500-2300 a. e. c.).

En la estela de la victoria de Sargón, un soldado conduce a los prisioneros sumerios[17]

Una vez que Sargón obtuvo el predominio sobre toda Sumeria, dirigió su atención hacia el norte de Mesopotamia. Para tener éxito en esta empresa, invocó a un nuevo dios. Hasta entonces, Sargón solo había mencionado a los dioses sumerios en sus inscripciones. Señalaba especialmente que Inanna lo había amado de joven y había manipulado los acontecimientos para salvarlo de los complots de Ur-Zababa y colocarlo en el trono. Pero ahora, se dirigió al dios semítico Dagan.

A veces se considera a Dagan la versión semítica del Enlil de Sumeria, el dios creador de reyes. Dagan fue el padre de Baal, que fue adorado en Canaán (se convirtió en un fuerte competidor del dios israelita YHWH) y puede ser el Bel de Babilonia (o Marduk). Dagan era el dios semita principal en el centro y el norte de Mesopotamia (incluida Agadé), y los filisteos de Canaán lo convirtieron más tarde en su dios patrón. Fue el dios al que se le cayó la cabeza cuando los filisteos pusieron en su santuario el Arca de la Alianza israelita robada (Tanaj, I Samuel 5).

Pero eso estaba muy lejos en el futuro. Sargón necesitaba el apoyo de Dagan para conquistar el norte de Mesopotamia y tener legitimidad para gobernar sobre los semitas. Tras postrarse ante la imagen de Dagan, Sargón domesticó al pueblo mari al este del Éufrates y a sus rivales, los ebla, al sur de Alepo, en Siria. Sargón atribuyó a Dagan el mérito de haberle otorgado las tierras superiores del Éufrates, que probablemente incluían parte de Anatolia (Turquía).

El «Rey de la batalla» es un relato épico acadio sobre cómo los mercaderes acadios de Purushanda (actual Turquía) se disputaban al despótico gobernante de la región, Nur-Dagan[i]. Tras pedir a Sargón que interviniera, este atacó a Nur-Dagan antes de que supiera lo que estaba ocurriendo y puso esa región bajo control acadio, lo que facilitó el lucrativo comercio con Turquía. Sargón se dirigió entonces hacia el este, realizando incursiones en Canaán (Israel), Líbano y Siria cuatro veces. El «Rey de la batalla» registra que navegó por el Mediterráneo hasta «Kuppara», que probablemente sea Chipre o Creta.

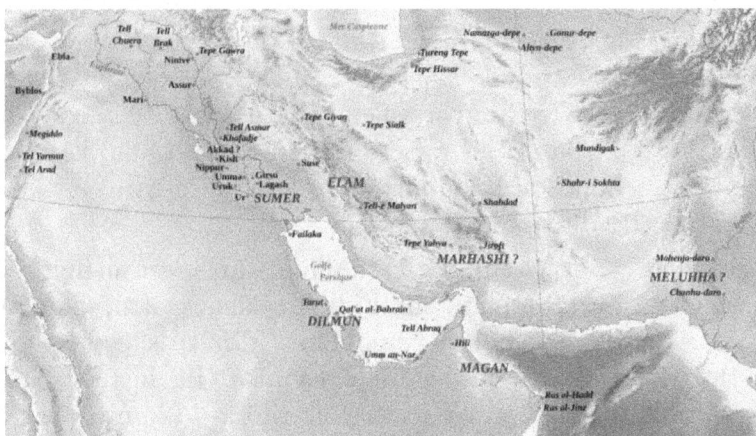

Este mapa muestra la posible extensión del Imperio acadio bajo Sargón[18]

---

[i] Joan Goodnick Westenholz, *Legends of the Kings of Akkade: The Texts*, Winona Lake: Eisenbrauns, 1997.

Sargón invadió los desiertos de Elam y los montes Zagros (en el actual Irán) y conquistó la capital elamita de Susa, en la parte baja de los montes Zagros. Para celebrar su extraordinaria victoria en Elam, Sargón erigió una enorme estela de victoria de diorita, en la que se representaba a sí mismo y a sus fuerzas militares. Conquistó el Awan al norte de Susa y afirmó su control sobre el Marhashi (posiblemente en la región de Kerman, en el centro-sur de Irán), accediendo al comercio de vasos de alabastro y piedras valiosas.

En la *leyenda de* Sargón —su supuesta autobiografía descubierta en las ruinas de la Biblioteca de Asurbanipal de Nínive— Sargón relata una rebelión cuando estaba en su «vejez».

> «En mi vejez de 55 años, todas las tierras se rebelaron contra mí y me sitiaron en Agadé [Acad], pero el viejo león aún tenía dientes y garras, salí a la batalla y los derroté: Los derribé y destruí su vasto ejército. Ahora, cualquier rey que quiera llamarse mi igual, dondequiera que yo haya ido, ¡que vaya!».

El «Reinado de Sargón» detalla cómo el «viejo león» luchó contra los rebeldes[i].

> «Después, en su vejez, todas las tierras se rebelaron contra él, y lo sitiaron en Acad; y Sargón salió a la batalla y los derrotó; logró su derrocamiento y destruyó su amplio ejército.
>
> »Después, atacó con su poderío la tierra de Subartu, que se sometió a sus armas, y Sargón resolvió esa revuelta y los derrotó; logró su derrocamiento y destruyó su extenso ejército, e introdujo sus posesiones en Acad. Quitó la tierra de las trincheras de Babilonia, y los límites de Acad los hizo como los de Babilonia».

Sargón y su esposa, la reina Tashlultum, tuvieron al menos cuatro hijos: Manishtushu, Rimush, Shu-Enlil e Ilaba'is-takal. Sargón reinó durante un total de cincuenta y cinco años. Rimush sucedió a Sargón a su muerte, y Manishtushu sucedió a Rimush. La hija de Sargón, la sacerdotisa Enheduanna, era poetisa y escritora de himnos. Un himno

---

i "The Reign of Sargon", George W. Botsforth, ed., *A Source-Book of Ancient History*, Nueva York: Macmillan, 1912. 27-28.
http://www.thelatinlibrary.com/imperialism/readings/sargontablet.html

famoso fue la «Exaltación de Inanna», que se cantó en el culto a la diosa durante cientos de años.

¿Hasta qué punto perpetuaron los descendientes de Sargón su legado? ¿Tuvieron éxito en continuar la notable expansión del Imperio acadio? Curiosamente, Rimush ascendió al trono en 2279 a. e. c., a la muerte de su padre, aunque Manishtushu era su hermano mayor, según la *Lista Real Sumeria*. Algunos historiadores aventuran que Rimush pasó por encima de Manishtushu porque no dejaban de surgir rebeliones, algo que la naturaleza más despiadada de Rimush podía gestionar mejor. Rimush se enfrentó inmediatamente a una insurrección sumeria. Durante cinco décadas, habían cocido a fuego lento el resentimiento bajo el gobierno de Sargón. Quizá pudieran vencer al hijo con el «hombre fuerte» muerto.

En los primeros años de Rimush como rey, seis ciudades-estado se sublevaron: Adab, Der, Kalasa, Lagash, Umma y Ur. Rimush sofocó brutalmente a las ciudades subversivas. Se jactó de haber arrasado poblaciones masivas, arrasado ciudades e incluso desarraigado sus subestructuras. En una serie de tres guerras despiadadas en Sumer, envió ondas de choque a través de la tierra con la masacre masiva de 110.000 hombres, que era la mayor parte de la población masculina adulta de las seis ciudades rebeldes.

Exilió a otras veinticinco mil personas y esclavizó a veintinueve mil, enviándolas a cortar piedra en las minas de Elam. Las ciudades conquistadas quedaron prácticamente vacías, por lo que confiscó 134.000 hectáreas de tierras de cultivo ancestrales alrededor de Umma y Lagash, repartiéndolas entre la nueva élite terrateniente acadia. Los desolados supervivientes de Umma y Lagash solo podían recordar los años que habían pasado en lucha por la línea fronteriza que las separaba; ahora, la tierra estaba perdida a manos de extraños.

Babilonia también se rebeló, y Rimush golpeó la ciudad con la misma violencia despiadada que extinguió la insurrección sumeria. Fue igualmente duro contra los acadios, su propio pueblo. Un ejemplo fue Kalasa, que estaba situada cerca de Kish en el Éufrates. Kalasa se había resistido a Sargón y cosechó su venganza. «Contra Kalasa marchó, y convirtió a Kalasa en montículos y montones de ruinas; destruyó la tierra, y no dejó lo suficiente para que un pájaro se posara en ella»[i].

---

[i] "The Reign of Sargon", Botsforth, ed., págs. 27-28.

Los habitantes de Kalasa reconstruyeron su ciudad arrasada y luego tuvieron la audacia de rebelarse contra Rimush. Repitiendo la dura reacción de su padre, masacró a doce mil rebeldes acadios, esclavizó a cinco mil y volvió a convertir Kalasa en un «montón de ruinas».

Una vez que Rimush recuperó los territorios de su padre en Mesopotamia, lanzó campañas militares en Elam, consolidando allí las conquistas de su padre. Mientras él había estado ocupado masacrando sumerios, los elamitas habían formado una coalición bajo el rey de Marhashi para resistirse a una mayor expansión en sus territorios. Rimush sometió a la alianza y volvió a tomar Elam y su capital Susa bajo la hegemonía acadia.

Aunque Rimush no amplió el imperio de su padre, recuperó algunas zonas que habían intentado recuperar su independencia. Terminó su reinado de nueve años con aproximadamente las mismas fronteras que en tiempos de su padre, pero Acad era mucho más próspera. Rimush había traído asombrosas riquezas de Elam. En el santuario de Enlil en Nippur, dedicó ingentes cantidades de cobre y oro. Erigió una estatua de sí mismo en estaño, que era un metal raro en aquella época. La inscripción en su escultura, que se alzaba ante la imagen de Enlil, decía que se contaba a sí mismo entre los dioses[i].

Rimush dejó de encargar inscripciones pomposas e imágenes de sí mismo uno o dos años antes de morir. ¿Qué ocurrió? ¿Se lo tomó simplemente con calma tras recuperar el territorio de su padre? ¿Estaba enfermo o deprimido? ¿Estaba lidiando con un conflicto interno? Esto último puede haber sido cierto, ya que sus propios estadistas lo apalearon hasta la muerte con sus sellos cilíndricos. Dado que los sellos eran solo de siete a doce centímetros de metal o mármol que colgaban de un cordón, habría sido una muerte larga y despiadada para un hombre que no mostraba piedad por sus rivales.

---

[i] Benjamin R. Foster, *The Age of Agade: Inventing Empire in Ancient Mesopotamia*, (Nueva York: Routledge, 2016), 6-8.

Esta cabeza de aleación de cobre es probablemente de un rey acadio, pero se desconoce su identidad [19]

¿Por qué fue asesinado? Si había caído en un estado de letargo o sufría una enfermedad mental o física, sus cortesanos podrían haber pensado que el imperio necesitaba un gobernante sano y activo. Además, estaban sus atrocidades. Acabar con la mayor parte de la población masculina de las principales ciudades sumerias y acadias fue terrible para el imperio. Si las ciudades eran arrasadas, dejaban de producir alimentos y otros bienes necesarios para la supervivencia de todo el imperio.

Con los asentamientos civilizados clave a lo largo del golfo Pérsico o de los ríos Éufrates o Tigris diezmados, los bandidos y piratas podrían interrumpir las caravanas comerciales y los barcos que traían mercancías a Agadé. El efecto desmoralizador habría sido espantoso, especialmente con las ciudades más cercanas a Agadé como Kalasa y Babilonia. Por lo que sabemos, algunos de sus asesinos podrían haber sido de Kalasa o Babilonia en busca de venganza.

Después de que Rimush fuera apaleado, su hermano mayor Manishtushu le sucedió en 2279 a. e. c. Gobernó durante catorce años. Manishtushu fue un rey ambicioso y enérgico que expandió el imperio a través de la diplomacia y las conquistas militares, e implementó importantes cambios internos. Teniendo en cuenta el asesinato de su hermano, Manishtushu se empeñó en formar un nuevo consejo administrativo de hombres en los que pudiera confiar. Así pues, ideó un plan de tierras, basándose en la anterior reasignación de tierras de su hermano.

Compró las granjas ancestrales de 964 hombres en la región de Acad. Probablemente no tuvieron mucha elección en el asunto; el precio que recibieron valía solo lo que las granjas habrían producido en dos años. Pero los campos lindaban con las tierras reales, y Manishtushu planeaba destinar esta propiedad a recompensar a aquellos que le habían servido fielmente, como sus administradores, líderes militares, escribas y sacerdotes. Sus devotos servidores procedían de todos los puntos del imperio, no solo de Agadé. Deseaba establecer una nueva élite acadia con una lealtad indivisa hacia él[i].

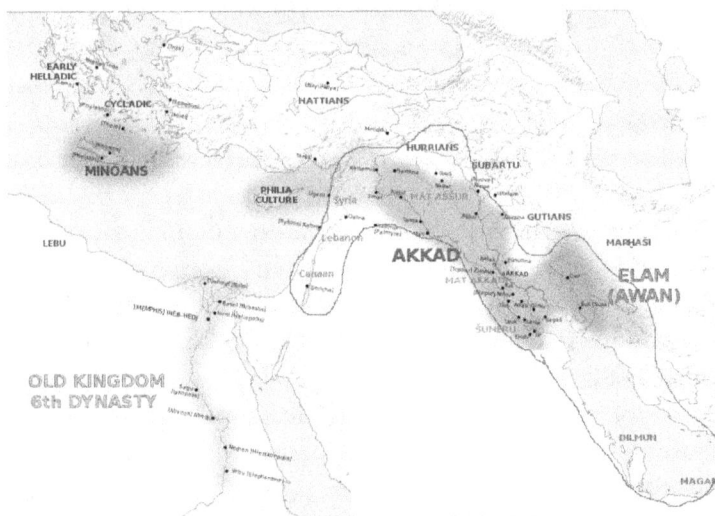

Este mapa representa la posible extensión del Imperio acadio durante el reinado de Manishtushu desde donde se encontraba al final del reinado de su padre Sargón[20]

[i] Foster, *The Age of Agade*, 1.

Manishtushu se benefició del férreo sometimiento de las rebeliones dentro del imperio por parte de su hermano. Con una paz relativa establecida, Manishtushu pudo lanzar nuevas campañas de expansión hacia regiones estratégicas para el comercio. Su primera expansión consistió en subyugar o establecer astutas alianzas con treinta y dos reyes para controlar todo el golfo Pérsico. Navegó de puerto en puerto, negociando con reyes amigos y conquistando a cualquiera que se resistiera, manteniendo las aguas del golfo Pérsico libres de invasores y piratas. Manishtushu invadió entonces Elam —por tercera vez desde el reinado de su padre— esta vez desde el golfo Pérsico. Saqueó las minas de plata de Susa y estableció gobernadores acadios en ciudades elamitas clave. Negoció el comercio con otros treinta y siete estados remontando el río Tigris hasta su cabecera en los montes Tauro del este de Turquía.

A medida que expandía su imperio, Manishtushu erigió imágenes duplicadas de sí mismo por todos sus territorios, con cada inscripción honrando a la deidad patrona de la ciudad específica. Estaba especialmente orgulloso de su expedición al golfo Pérsico y nunca perdía la oportunidad de mencionarla en sus inscripciones. Manishtushu fue un maestro diplomático al reconocer a los dioses de sus ciudades-estado conquistadas y celebrar su expansión exterior, que aportó una riqueza asombrosa a Mesopotamia. Esto contrastaba con los alardes de su padre y su hermano sobre su cruel represión de las rebeliones locales.

A pesar de sus habilidades diplomáticas y sus éxitos militares, Manishtushu corrió la misma suerte que su hermano, ya que fue asesinado por sus propios oficiales. Naram-Sin, hijo de Manishtushu y nieto de Sargón, fue coronado cuarto rey del Imperio acadio, y el que elevaría el imperio a su mayor poder. Siguió los pasos de su padre y de su abuelo, con conquistas triunfantes del pueblo Lullubi en la región montañosa de Elamite-Zagros. Firmó un tratado y se casó con la hija del rey elamita Khita.

La prueba más importante de Naram-Sin llegó a principios de su reinado, cuando se enfrentó a la gran revuelta de dieciocho ciudades sumerias clave. Esta estaba liderada por el rey Iphur-Kish de Kish, e incluía Uruk, Adab, Cutha, Isin, Kish, Lagash, Nippur, Sippar, Umma y Ur. Los sumerios incluso unieron sus fuerzas con los nómadas amorreos, a los que solían considerar una amenaza funesta. Iphur-Kish atacó directamente Agadé, pero Naram-Sin reunió sus fuerzas y marchó a defender Agadé. Con la primera batalla ganada, persiguió a los restos de los rebeldes hasta Kish, llenando el Éufrates de cadáveres.

El rey Amar-girid de Uruk reunió al resto de la coalición sumeria. Invitó a los asirios del norte a unirse, pero estos se contuvieron. Naram-Sin atacó primero a los amorreos, luego se enfrentó a la enorme fuerza de Amar-girid y los derrotó, capturando a Amar-girid. Tras esta victoria, Naram-Sin cortó una hilera a través de Sumer, y bajó y rodeó el golfo Pérsico, saqueando y amasando un gran botín de guerra. Tras ganar nueve batallas en un año contra los mesopotámicos, el pueblo de Agadé le pidió que fuera el dios patrón de su ciudad, igualándolo a Inanna, Enlil, Enki y el resto del panteón. Les permitió construir su templo en Agadé, lo que muchos creyeron que fue su perdición.

Naram-Sin continuó con sus brillantes campañas militares en Omán, Ebla (norte de Siria), los montes Tauro, los montes Amanus (Nur) del centro-sur de Turquía y la región de Ararat en Armenia. Siguió el río Tigris hacia el norte de los montes Tauro, trazándolo hasta el lago Hazer, un lago de fisura a 1150 metros sobre el nivel del mar. Siguió asimismo el Éufrates hasta el río Karasu, y luego hasta su nacimiento en el monte Dumlu.

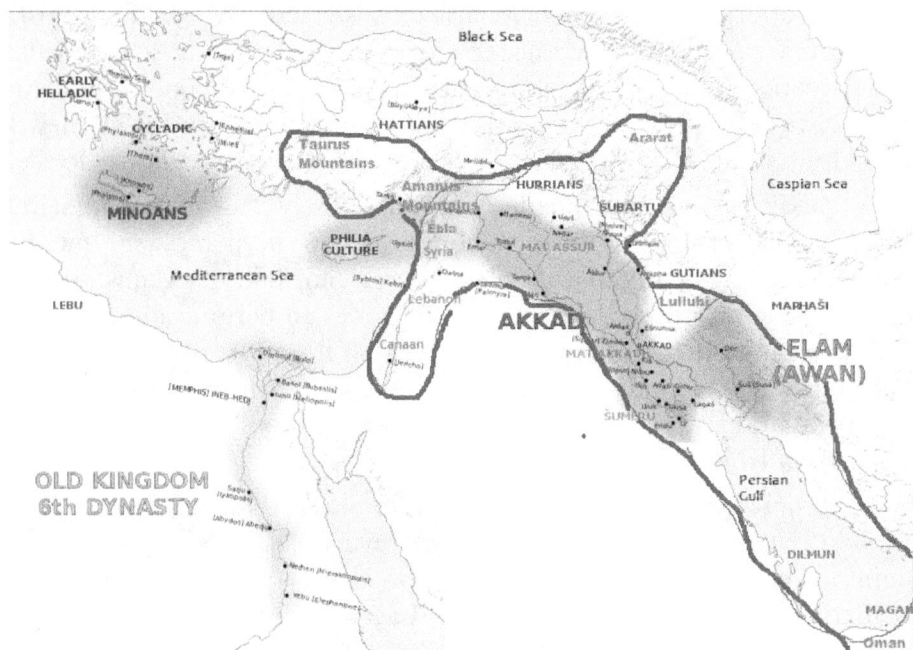

Este mapa representa la posible mayor extensión del Imperio acadio bajo Naram-Sin. Es posible que se redujera considerablemente antes de su muerte[21]

Naram-Sin se autodenominaba con orgullo el «gobernante de las Cuatro Esquinas del Universo», pero los problemas se avecinaban. *La*

Maldición de Agadé, que se escribió siglos más tarde, decía que Naram-Sin provocó de algún modo la ira del dios Enlil, que se vengó trayendo hambruna, peste y una invasión de las tribus Guti del este. Aunque Naram-Sin expandió el Imperio acadio hasta su máxima extensión, es posible que perdiera partes importantes antes de su muerte en el 2217 a. e. c.

La conquista por Sargón de toda Sumeria y luego de toda Mesopotamia unió a acadios y sumerios bajo una misma lengua y un mismo gobierno. El Imperio acadio se extendía miles de kilómetros en su cenit, abarcando múltiples grupos étnicos desde el golfo Pérsico hasta tan al norte como Ararat y al oeste hasta el Mediterráneo. Estableció una visión para los futuros conquistadores de lo que podía lograrse en una vida. Nadie antes que él había conquistado un territorio tan vasto. Fue verdaderamente el primer emperador del mundo.

Capítulo 5: Declive y caída del Imperio acadio

El reinado de Naram-Sin fue el principio del fin del Imperio acadio. Pronto entraría en decadencia y acabaría desmoronándose en el olvido. El final no parecía cercano, no cuando Naram-Sin ganaba una brillante conquista tras otra. Pero entonces ocurrió algo que cambió las tornas, cerrando finalmente el capítulo del Imperio acadio tras solo 180 años de existencia. Los mesopotámicos creían que Naram-Sin había lanzado una maldición sobre Agadé y toda Mesopotamia.

La Maldición de Agadé es un relato casi histórico escrito durante la tercera dinastía de Ur (2047-1750 a. e. c.), pero probablemente se basa en historias más antiguas. Es un ejemplo de la literatura naru mesopotámica, que presenta a un rey u otro héroe en un relato moralista sobre las relaciones humanas con lo divino. La *Epopeya de Gilgamesh* y la *Leyenda de Sargón* son otros dos ejemplos de literatura naru.

La Maldición de Agadé cuenta cómo Naram-Sin ofendió al dios Enlil y provocó la devastación de toda Mesopotamia. ¿Qué hizo Naram-Sin para ofender a Enlil? La historia no divulga esta información, pero pudo ser que recibiera la adulación de su pueblo como dios de Agadé. Todo comenzó cuando varios puntos de su extenso imperio se levantaron simultáneamente en rebelión. Una inscripción en la base de una estatua dejó constancia de la victoria de Naram-Sin:

> «Naram-Sin el poderoso, rey de Agadé, cuando las cuatro
> cuartas partes de la tierra lo atacaron juntas, el amor de

Ishtar lo llevó a la victoria en nueve batallas en un solo año y capturó a los reyes que habían levantado contra él».

Esta talla muestra a Naram-Sin en lo alto de su estela de la victoria, de pie sobre los cuerpos de los guerreros lullubis conquistados[22]

Tras este espléndido triunfo, Naram-Sin se autodenominó «poderoso dios de Agadé» en una inscripción, afirmando esencialmente ser el dios patrón de la ciudad. Sin embargo, la diosa Inanna, patrona de Sargón, había establecido su santuario en Agadé, al menos según *La maldición de Agadé*. Decía que Inanna pasaba noches en vela, asegurándose de que la gente de Agadé tuviera abundante comida y buena bebida y se alegraran juntos en las fiestas. Inanna era la patrona de la ciudad, pero Naram-Sin anuló el orden divino.

La Maldición de Agadé decía que Inanna incluso trajo monos, elefantes y otros animales exóticos para divertir a los ciudadanos en la plaza pública[i]. Inanna trajo oro, plata, cobre, estaño y lapislázuli a la ciudad, llenando los graneros de metales y piedras preciosas. Dio a las ancianas el don del sabio consejo, a los ancianos el don de la elocuencia, a las jóvenes el don del entretenimiento, a los jóvenes el don del poderío militar y a los niños el don de la alegría.

Pero después de cuidar de Agadé con tanta ternura, Inanna recibió noticias inquietantes. El relato no dice cuál era la inquietante noticia; tal vez se tratara de algún espantoso pecado de la ciudad o de su rey Naram-Sin. El dios Enlil redujo a Agadé a un estado de temblor e incluso aterrorizó a Inanna, que abandonó su santuario y se marchó de Agadé, llevando consigo el don de la batalla y entregándoselo al enemigo de Agadé. Uno a uno, los demás dioses retiraron las bendiciones que habían concedido a Agadé. Ninurta recuperó la corona real y el trono de la realeza, Utu recuperó la elocuencia de la ciudad, Enki recuperó su sabiduría y arrancó su poste de amarre, y An (Anu) le quitó el miedo que la ciudad ejercía sobre los demás.

Una noche, el rey Naram-Sin tuvo la visión de que el dios Enlil ya no permitiría que Agadé fuera una ciudad agradable y perdurable; en cambio, sus templos temblarían y sus tesoros se dispersarían. El rey no contó a nadie su sueño, pero se vistió de luto y regaló su parafernalia real. Estuvo de luto durante siete años. «¿Quién ha visto jamás a un rey que oculte la cabeza entre las manos durante siete años?». Realizó una adivinación sobre las entrañas de una cría de cabra, intentando descubrir la fuente del disgusto de Enlil, pero no recibió ningún presagio, ni siquiera después de dos intentos.

Exasperado con el dios Enlil, Naram-Sin movilizó a sus tropas, marchó a la ciudad santa de Nippur y demolió el templo de Enlil. Lo taló con hachas y excavó sus cimientos con palas. Amontonó toda la madera del templo y encendió una gran hoguera, para luego saquear el oro, la plata, el cobre y las piedras preciosas del templo. Mientras saqueaba y destruía el templo de Enlil, el sentido común y la inteligencia abandonaron a Agadé.

---

[i] *La maldición de Agadé*, Trans. Jerrold S. Cooper, (Baltimore: Johns Hopkins University Press, 1983). https://etcsl.orinst.ox.ac.uk/section2/tr215.html.

Los arqueólogos desenterraron el templo de Nippur en 1893. El hijo de Naram-Sin, Sharkalisharri, reconstruyó el templo, y Ur-Nammu de la tercera dinastía de Ur y otros reyes lo renovaron [23]

Ahora, el dios Enlil era como un tifón rugiente que diezmaba toda la tierra, como un maremoto que lo aplasta todo ante sí. Contempló las montañas orientales y llamó a los guti, «un pueblo desenfrenado, con inteligencia humana, pero instintos caninos y rasgos de mono». Los guti arrasaron Acad como grandes bandadas de pájaros. «Nada escapó a sus garras». Expulsaron a los rebaños de cabras y vacas de sus corrales y desalojaron las puertas de la ciudad de Agadé.

La región se volvió como en la prehistoria, antes de que se establecieran las ciudades. Los campos estaban desatendidos, no había peces en los descuidados canales y los huertos no daban fruto sin riego. Las lluvias cesaron y no crecieron plantas. «La gente se retorcía de hambre». Pasaban hambre y morían en sus casas sin que nadie los enterrara. Los perros vagabundos atacaban y mataban a cualquiera en la calle.

Durante siete días y siete noches, los ancianos y las ancianas de las ciudades elevaron un lamento a Enlil. Los otros dioses —los patronos de las otras ciudades asoladas junto con Agadé— rezaron a Enlil, enfriando

51

su corazón como si fuera agua. Maldijeron a Agadé y pidieron a Enlil que derramara su ira sobre esa ciudad y perdonara a las demás. Y así, a pesar de la devastación anterior de toda Mesopotamia, el Imperio acadio cayó por completo. No fue algo que ocurriera de repente, sino que comenzaron los problemas que traerían su destrucción definitiva. En tres décadas, el imperio se marchitaría, pero las ciudades sumerias —Ur en particular— volverían a alcanzar la gloria.

No tenemos otros relatos históricos que indiquen que Naram-Sin hubiera llegado a atacar Nippur y a destruir su templo a Enlil. Sin embargo, los «Nombres Anuales» grabados correspondientes a su hijo Sharkalisharri informan de que, entre el cuarto y el décimo año de su reinado, nombró a un general para que supervisara la construcción del templo de Enlil en Nippur. Colocó los cimientos y cortó maderas de cedro para construir el templo. En Nippur ya existía un templo desde hacía siglos, pero esta fue una reconstrucción completa desde los cimientos. Como se relata en la historia, los guti invadieron, las lluvias cesaron realmente y un gran número de personas murieron o fueron desplazadas por toda Mesopotamia.

El peso de la doble maldición de la sequía y la invasión recayó sobre el hijo de Naram-Sin, Sharkalisharri, que ascendió al trono a la muerte de su padre en 2217. Gobernó durante veinticuatro años. Fue un estratega militar ejemplar, pero se vio obstaculizado por una terrible sequía que provocó la pérdida de tres cuartas partes de los asentamientos del norte de Mesopotamia. Luchó contra las feroces incursiones de las tribus guti del este hasta que capturó a su rey, Sharlag. Los elevados impuestos a los estados tributarios provocaron rebeliones, pero repelió las invasiones amorreas.

¿En qué consistió esta sequía masiva que provocó un grave descenso de la producción agrícola y debilitó el imperio? Uno de los cambios climáticos más devastadores de la historia de la humanidad —el acontecimiento de aridificación de 4,2 mil años a. e. c.— azotó la tierra entre el 2200 y el 2000 a. e. c., con temperaturas más frías y una reducción de las precipitaciones de entre el 30 % y el 50 % en Mesopotamia, Siria y Turquía[1]. Aunque la sequía extrema terminó en unos dos siglos, las investigaciones sobre los lagos de Irán y el mar Muerto demuestran que las precipitaciones en Oriente Próximo nunca volvieron a las cantidades anteriores a la sequía.

[1] Harvey Weiss, *Megadrought and Collapse*. Nueva York: Oxford University Press, 2017, 94-183.

Los cambios en el viento y las corrientes oceánicas provocaron patrones meteorológicos erráticos. Esto provocó la espantosa sequía, y también se produjo una terrible serie de erupciones volcánicas al norte, en la actual Turquía. Las pruebas arqueológicas y los análisis del suelo muestran que el repentino cambio climático indujo una calamitosa degradación de las tierras cultivables. Ciudades y regiones enteras quedaron abandonadas, lo que provocó el colapso del Imperio acadio.

Leilan era una pequeña ciudad de veinte mil habitantes situada en la frontera de Siria e Irak, en el granero del Imperio acadio. Las investigaciones arqueológicas y geológicas indican que Leilan y dos ciudades cercanas fueron evacuadas repentina y completamente, y una cuarta ciudad perdió el 80 % de su población. La fortaleza de Naram-Sin en Tell Brak quedó abandonada, con los muros y suelos inconclusos. En Leilan, el edificio administrativo acadio que había estado almacenando, procesando y redistribuyendo grano durante un siglo quedó abruptamente desierto[i].

Nagar (Tell Brak), en el norte de Mesopotamia, incluida la fortaleza de Naram-Sin, fue abruptamente abandonada en medio de un proyecto de construcción hacia el 2200 a. e. c. [24]

Los arqueólogos encontraron en Tell Leilan una capa de ceniza volcánica de medio centímetro que data del año 2200 a. e. c. y que probablemente procedía de la lluvia radiactiva de las erupciones

---

[i] Weiss, *Megadrought and Collapse*, 94-183.

volcánicas de Turquía. La ceniza y los gases volcánicos pueden permanecer suspendidos en la atmósfera durante años, bloqueando el sol y enfriando las temperaturas. Sin embargo, eso por sí solo no podría explicar la sequía tan extendida por todo Oriente Próximo (y otros territorios) que duró al menos dos siglos. Incluso antes de los volcanes, los análisis del suelo mostraban un marcado contraste en los depósitos de arena y polvo, lo que apuntaba a una mayor aridez y tormentas de polvo, mientras que en épocas anteriores el suelo era rico y húmedo.

La sequía y el enfriamiento global no solo devastaron el Imperio acadio, sino que afectaron a todo Oriente Próximo. Es posible que colapsara el Antiguo Reino de Egipto y quizás incluso la cultura de Liangzhu de China y la civilización del valle del Indo, aunque no todos los científicos están convencidos de que fuera un acontecimiento global. Algunos científicos también sostienen que Mesopotamia experimentó un enorme crecimiento demográfico —probablemente debido a la relativa paz y a la mayor riqueza que trajo el Imperio acadio— que era insostenible en la tierra semiárida, incluso sin cambio climático[i].

Mientras el imperio seguía expandiéndose, vastas regiones del norte de Mesopotamia se vaciaron repentinamente hacia el 2200 a. e. c. ¿Dónde fueron? Al parecer, las poblaciones supervivientes de estas ciudades formaron parte de una migración hacia el sur de Sumer. ¿Por qué al sur? ¿No se vio también Sumer afectada por la sequía? Sí, lo hizo, pero Sumer podía gestionar los déficits de precipitaciones.

Antes de la sequía, el norte de Mesopotamia tenía más precipitaciones que el sur (todavía las tiene) y dependían principalmente de la lluvia para sus cultivos. No habían desarrollado el avanzado sistema de riego de los sumerios que se había utilizado en el centro y el sur de Mesopotamia durante dos milenios. Sumeria nunca dependió mucho de la lluvia para sus cultivos. Aunque el Tigris y el Éufrates sufrieron una reducción del caudal de agua de entre el 30 % y el 50 %, los sumerios reconstruyeron sus sistemas de canales para adaptarse al cambio. Continuaron como de costumbre con sus labores agrícolas.

La desecación de los pastos en el norte de Mesopotamia y Siria desplazó a los pastores amorreos. Emigraron hacia el sur, a las regiones

---

[i] D. Lawrence, A. Palmisano y M. W. de Gruchy, "Collapse and Continuity: A Multi-proxy Reconstruction of Settlement Organization and Population Trajectories in the Northern Fertile Crescent during the 4.2kya Rapid Climate Change Event", *PLoS One*. 16 (1) (2021). https://pubmed.ncbi.nlm.nih.gov/33428648/.

situadas a lo largo del delta del Éufrates, donde aún crecía la hierba. Esto condujo a la construcción de una muralla «repelente de amorreos» de 110 millas en Sumer. Los amorreos nunca abandonaron el centro de Mesopotamia y más tarde formaron el Imperio babilónico. Este desplazamiento masivo de la población entre los agricultores del norte de Mesopotamia y los pastores nómadas provocó la caída del Imperio acadio, la duplicación de la población de Sumer y el auge de la tercera dinastía de Ur[i].

¿Qué hay de la otra parte de la maldición, la invasión guti? ¿Quiénes eran los guti, la «serpiente colmilluda de las cordilleras»? Eran de orígenes misteriosos y no eran alfabetizados, por lo que rastrear lingüísticamente a este pueblo es todo un reto. Solo tenemos los nombres de algunos de sus reyes registrados en documentos acadios y sumerios. Vivían al este del río Tigris, en los montes Zagros del actual Irán, y pagaban tributo al rey sumerio Lugal-Anne-Mundu de Adab antes de la era del Imperio acadio.

También estaban bajo el señorío de Sargón el Grande, pero cuando su nieto Naram-Sin subió al trono, ya no pagaban dócilmente sus tributos. En una de sus estelas de victoria, Naram-Sin registró una batalla en la que los guti mataron a una cuarta parte de su ejército de 360.000 hombres antes de que finalmente conquistara a su rey, Gula'an. La *Crónica de Weidner* —una historia babilónica escrita alrededor del año 1800 a. e. c.— dice que el dios Marduk, el dios patrón de Babilonia, convocó a los guti contra Naram-Sin porque este había atacado y demolido Babilonia[ii]. Pero los guti no sabían mostrar reverencia a los dioses y ofendieron a Marduk, por lo que este los expulsó de la tierra.

Los guti se habían ido filtrando lentamente en Mesopotamia durante el reinado de Naram-Sin. Tras su muerte, su hijo, el rey Sharkalisharri, luchó amargamente contra las hordas guti que aumentaron repentinamente justo cuando Mesopotamia cayó en su período de sequía de doscientos años. Los guti eran famosos por sus incursiones. Lanzaron ataques de guerrilla, devastaron ciudades y despojaron a los campos de sus productos. Sharkalisharri finalmente capturó a su rey, Sharlag, al año siguiente de terminar de construir el templo de Enlil en Nippur, lo que sometió a los guti durante un tiempo.

---

[i] Weiss, *Megadrought and Collapse*, 94-183.

[ii] *Crónica Weidner (ABC 19)*, Livio, 2020. https://www.livius.org/sources/content/mesopotamian-chronicles-content/abc-19-weidner-chronicle/.

Este fragmento de jarrón representa a un prisionero de los acadios tirado por una nariguera y con una trenza característica. Puede que fuera guti [25]

Sharkalisharri pasó los tres años siguientes luchando victoriosamente contra los nómadas amorreos que habían emigrado repentinamente a la región del río Éufrates a causa de la sequía. Dos años después, Sharkalisharri llevó la batalla contra los guti a su territorio, luchando en Elam y llevándolos «bajo el yugo» en su decimoséptimo año como rey. Sharkalisharri murió en 2193 a. e. c. como último rey del Imperio acadio. La *Lista Real Sumeria* resume la anarquía que siguió a su muerte, cuando cuatro usurpadores se disputaron el poder a medida que el imperio menguaba: «Entonces, ¿quién fue el rey? ¿Quién no fue rey? Igigi, Imi, Nanum, Ilulu: cuatro de ellos gobernaron solo tres años».

Las ciudades sumerias, una a una, declararon su independencia de Acad. Ahora tenían la sartén por el mango. Agadé ya no era la sede de un temible señor supremo. La sequía no afectaba a Sumer tanto como en el norte: no se morían de hambre y sin nadie que los enterrara. La región de Acad estaba experimentando un descenso precipitado de su población, mientras que Sumer crecía, ya que era capaz de mantener a la gente mediante la irrigación.

Durante este periodo de inestabilidad, las tribus merodeadoras guti volvieron a bajar de las montañas hacia Acad y Sumer. Esta vez, los acadios no pudieron defenderse de las catastróficas incursiones; los ataques guti al tráfico fluvial y a las caravanas de camellos destruyeron las rutas comerciales. La sequía ya había causado una escasez letal de alimentos, y ahora, los guti despojaron de todo lo que aún crecía, sumiendo a Acad en una espantosa hambruna.

Los guti no fueron los únicos invasores. Los elamitas, los hurritas y los lullubis formaron una coalición oriental de dieciséis reyes hostiles, aprovechando la debilidad de Agadé. Aunque inicialmente fueron rechazados, volvieron a atacar, asestando a los acadios un golpe aplastante. La *Leyenda Cutaha de Naram-Sin* también menciona al misterioso pueblo Umman-Manda como otro adversario. Posiblemente, procedían del centro de Turquía.

Finalmente, en 2189 a. e. c., Dudu se apoderó de la corona de Acad, pero el imperio ya no existía. Se había desmoronado, dejando solo a Agadé, Kish y Eshnunna. ¿Formaba Dudu parte de la dinastía sargónica o era un usurpador más? La *Lista Real Sumeria* no dice quién era, solo que gobernó veintiún años. Los únicos registros disponibles dicen que el rey Dudu hizo campaña contra Umma y Lagash, trayendo a casa botín de guerra.

El hijo de Dudu, Shu-turul, subió al trono en 2168 a. e. c. Fue el último rey de las tres ciudades y gobernó durante quince años. Después de esto, Acad y gran parte de Mesopotamia cayeron en la «edad oscura» bajo el poder de los feroces guti. Los nómadas guti parecían desinteresados en la agricultura, salvo en pequeñas parcelas de huerta dentro de las ciudades. Dejaban que las ovejas, las cabras y el ganado salieran de sus corrales para vagar por la tierra. La hambruna se agravó en las regiones que controlaban y el comercio se paralizó. Los canales se llenaron de sedimentos y la hierba cubrió las carreteras.

Mientras tanto, hacia 2091 a. e. c., surgió el «Renacimiento sumerio» con la tercera dinastía de Ur. El poder se desplazó hacia el sur, a medida que la población huía de la hambruna y la invasión, vaciando el norte de Mesopotamia. Ur no llegaría a ser un imperio como Acad, pero controló el sur de Mesopotamia durante el siglo siguiente. Restauró la lengua sumeria, aunque el acadio siguió utilizándose en el comercio y la diplomacia durante los siguientes mil años.

El cambio climático y las invasiones borraron la civilización acadia, pero el imperio había unido múltiples culturas en su inmenso crisol, compartiendo una lengua común. Mostraron al mundo cómo era un imperio y establecieron el punto de referencia para futuros imperios. Ese legado perduraría.

Capítulo 6: La sociedad y la vida cotidiana acadias

La propia Acad y todas sus tierras conquistadas representaban a gente real. ¿Cómo era la vida cotidiana en el Imperio acadio? ¿Qué comía y bebía la gente, cómo vestían, cómo eran sus casas y cuál era su estructura marital y social? Este capítulo examinará la literatura y los artefactos de la época del Imperio acadio, abriendo una ventana al pasado sobre cómo vivía la gente su vida.

El Imperio acadio abarcaba numerosas nacionalidades y culturas. ¿Pudieron los pueblos conquistados conservar sus culturas? Aunque el imperio era una unidad política, las regiones conquistadas fuera de Mesopotamia continuaron con sus tradiciones étnicas y sociales. La mayoría de las zonas dentro de Mesopotamia continuaron siguiendo la cultura sumeria, asimilada por los acadios, incluyendo la oración a un panteón de dioses similar. Cuando utilizamos la palabra «acadio» para referirnos a las personas, no significa necesariamente la etnia semítica de los hablantes acadios originales. Ni siquiera podemos estar seguros de si Sargón era étnicamente acadio, ya que se desconoce quiénes eran sus padres biológicos. En un sentido amplio, el término para pueblo acadio significa aquellos de diversos orígenes que abrazaron la visión del mundo y la cultura del rey acadio[i].

---

[i] Foster, *The Age of Agade,* 30-33.

Hablando de acadio y sumerio, ¿tuvieron que aprender los sumerios la lengua acadia? ¿Qué lengua utilizaba el imperio para la literatura, la administración y los asuntos gubernamentales? Durante siglos, los sumerios y los acadios semíticos convivieron en el centro y el sur de Mesopotamia. Cuando el Imperio acadio ascendió al poder, la mayoría de los mesopotámicos ya eran bilingües en sumerio y acadio. Las dos lenguas, aunque eran totalmente diferentes, se prestaron mutuamente con total libertad hasta el Imperio acadio y a lo largo de este, hasta que se convirtieron en un *sprachbund,* una encrucijada lingüística. La lengua acadia sustituyó a la sumeria hablada a finales del imperio.

Sin embargo, los mesopotámicos del sur siguieron utilizando el sumerio en las ceremonias religiosas y en la literatura durante los dos mil años siguientes, de forma similar al latín en épocas más recientes. Los acadios adoptaron la escritura cuneiforme sumeria, por lo que en sus asuntos administrativos y gubernamentales utilizaban el acadio hablado y escrito. Tras el colapso del Imperio acadio, la lengua acadia se dividió en dos dialectos semíticos: El asirio (utilizado en el norte de Mesopotamia) y el babilonio (utilizado en el centro y sur de Mesopotamia).

¿Y fuera de Mesopotamia? La lengua acadia era similar a las lenguas semíticas que se hablaban en las zonas más orientales del imperio: Siria, Líbano y Canaán. Así, los pueblos semitas conquistados pudieron aprender rápidamente la lengua acadia hablada. Aprender la escritura cuneiforme habría sido mucho más difícil. Lo más probable es que las lenguas semíticas fuera de Mesopotamia fueran preliterarias, ya que la escritura protosinaítica (el alfabeto más antiguo) no surgió hasta aproximadamente el 1900 a. e. c.

Cuando los británicos y los franceses iniciaron las primeras excavaciones arqueológicas en Mesopotamia en el siglo XIX, desenterraron veinticuatro mil tablillas en la región acadia de Nínive. Descubrieron tantos bajorrelieves (esculturas que sobresalen ligeramente de una losa de piedra) que se extenderían casi tres kilómetros si se colocaran uno al lado del otro. Estos fascinantes bajorrelieves registraban las guerras y los logros de los grandes reyes. Pero para entender lo que decían estas tablillas y relieves, los arqueólogos tuvieron que descifrar la escritura cuneiforme, algo que aún no se había hecho[1].

---

[1] Karen Rhea Nemet-Nejat, *Daily Life in Ancient Mesopotamia,* (Westport, Connecticut: Greenwood Press, 1998), 4.

Así pues, los expertos lingüistas se pusieron manos a la obra y tardaron unos diez años en descifrar los textos. La escritura cuneiforme contiene aproximadamente seiscientos caracteres. Algunos de ellos representaban palabras enteras (como ocurre hoy en día con el chino, el coreano o el japonés), mientras que otros representaban sílabas. Cada carácter o signo podía representar tanto una sílaba como una palabra o incluso varias palabras. Todo dependía del contexto.

Como cada símbolo cuneiforme escrito podía representar múltiples valores, algunos detractores creían que nunca podría traducirse. Se burlaban de la exactitud de las primeras traducciones. Para abordar esta cuestión, la Real Sociedad Asiática envió copias de una inscripción recién descubierta a cuatro lingüistas de renombre en 1856. Cada lingüista debía traducir la inscripción sin consultar a ninguno de los otros. Seis semanas después, el comité examinó las cuatro traducciones, ¡y eran notablemente uniformes![i].

Los acadios y otros mesopotámicos llevaban registros meticulosos mediante escritura cuneiforme, que abarcaban las minucias de la vida cotidiana, como ventas, información sobre propiedades, transacciones comerciales e incluso sus historias. En la época acadia no tenían años numerados, por lo que recordaban las fechas por los nombres de los años o por el año de mandato de un gobernante. Por ejemplo, una inscripción podía decir: «En el quinto año de Naram-Sin», y los acontecimientos notables describían diferentes años del gobierno de un rey, como «el año en que se pusieron los cimientos del templo» o «el año en que Elam fue sometida al yugo».

Una fuente sorprendentemente abundante de archivos y cartas familiares cuneiformes nos permite vislumbrar cómo era la vida familiar y el papel de la mujer en el Imperio acadio. Los hombres jóvenes solían casarse a los veinte años, pero sus novias eran adolescentes; podían tener tan solo catorce años. Los padres podían concertar un matrimonio para sus hijas cuando aún eran niñas. Así, una niña de seis o siete años podía ser llamada «esposa» en un matrimonio *incipiente* una vez que su padre recibía el precio de la novia[ii].

---

[i] Nemet-Nejat, *Daily Life*, 4-5.

[ii] M. Stol, "Women in Mesopotamia", *Journal of the Economic and Social History of the Orient* 38, nro. 2 (1995): 125. http://www.jstor.org/stable/3632512.

Un matrimonio incipiente significaba que una pareja contraía matrimonio gradualmente por etapas y no en una sola ceremonia. Una muchacha vivía en casa de sus padres tras los esponsales en la etapa prenupcial, que podía prolongarse durante una década. Si cualquier otro hombre intentaba mantener relaciones sexuales con ella, podía recibir la pena de muerte como violador de una mujer casada. La palabra acadia *batultu* significaba virgen, y se esperaba que una mujer fuera virgen hasta que empezara a vivir con su marido, aunque los besos y toqueteos íntimos parecían estar permitidos.

Cuando la joven empezaba a vivir con su marido en la etapa conyugal, traía una dote. Su marido no podía hacer nada con ese dinero ni con sus propiedades: eran para la mujer y sus futuros hijos. Si ella moría sin hijos, la dote volvía a su familia y el marido recuperaba el precio de la novia. Una vez que la mujer tenía un hijo con su marido, el matrimonio estaba completo, es decir, ya no era incipiente. Si moría con hijos, el dinero era la herencia de sus hijos; no volvía a su familia biológica.

La mayoría de los contratos matrimoniales eran orales, no escritos. Los contratos escritos se utilizaban si la novia o el novio poseían propiedades considerables o si estaba en juego un precio sustancial por la novia o una dote. Sin embargo, el padre de la novia y el novio podían negociar cuestiones como si el novio podía tomar una segunda esposa o concubina, si la esposa no podía concebir. ¿Cuál sería el estatus de la novia en el hogar si entraba en escena una segunda esposa o concubina?[i].

La mayoría de los matrimonios eran de un marido con una esposa, a menos que la esposa no pudiera concebir o padeciera una enfermedad crónica. Entonces el marido solía tomar una segunda esposa, pero la primera a veces podía elegir a la segunda esposa o concubina. El Abraham bíblico vivió en Ur, Harran (Turquía) y Canaán hacia el final de la era acadia o poco después. Su primera esposa, Sara, no podía concebir, así que *ella* le dio a su criada como concubina; esto volvió a suceder con Jacob, nieto de Abraham.

Sargón el Grande destacó por proteger a las viudas y a los huérfanos. Las mujeres solían estar casadas con hombres unos diez años mayores, y los hombres acadios eran llamados a menudo a servir en las guerras.

---

[i] Stol, "Women in Mesopotamia", 125.

Esto significa que el imperio contaba con muchas viudas y «huérfanos» (que normalmente tenían una madre viva, pero no un padre que los protegiera y mantuviera). Una mujer podía utilizar su dote para mantenerse a sí misma y a sus hijos, pero si no era suficiente, podía venderse a sí misma o a sus hijos como esclavos, o alguien podía adoptarlos. Los niños eran adoptados para trabajar gratis en el campo, y las niñas podían ser adoptadas como criadas domésticas o convertirse en prostitutas. Las prostitutas de culto estaban asociadas a los templos de la diosa Inanna, y algunos historiadores creen que la madre de Sargón era una prostituta de culto.

Esta escultura es de una joven de Umma de la época acadia [26]

¿Cómo vestía la gente del imperio? La mayoría de las prendas estaban hechas de lino o lana. Dos esculturas femeninas de Assur y Umma que datan de la época acadia muestran a mujeres jóvenes con el pelo ondulado peinado hacia atrás en un moño en la nuca y una banda decorativa alrededor de la cabeza: eran sencillas pero elegantes. El vestido de cuello alto de la mujer umma cae en capas, cada una de ellas de unos cinco centímetros. Esta parecía ser una tendencia de la moda mesopotámica tanto para hombres como para mujeres. Varias representaciones de la época acadia de la diosa Inanna la muestran con un vestido de manga corta y cuello cuadrado que cae en capas hasta los tobillos; a veces, una abertura en el lateral del vestido deja al descubierto la pierna desde el muslo hacia abajo.

Las obras de arte de la época muestran a hombres con largas barbas, que suelen estar elaboradamente trenzadas o rizadas. Llevan el pelo largo recogido en un moño y a veces llevan casco o gorro. Los hombres suelen ir con el torso desnudo (debido al caluroso clima mesopotámico), pero a veces llevan un abrigo abierto por delante o una capa sobre un hombro. Llevan una sencilla falda de línea A hasta las rodillas o los tobillos. La escultura de Naram-Sin en su estela de la victoria (véase el capítulo 5) lo retrata con un casco con cuernos (que significa semejanza a un dios), una larga barba, su espada a la espalda en un baldaquino (cinturón) que le cruza el pecho y un taparrabos que deja al descubierto los muslos, pero que cae por debajo de las rodillas por delante y por detrás. Sus soldados con el torso desnudo llevan cascos sencillos y una falda hasta la rodilla con un dobladillo diagonal. Los zapatos con los dedos vueltos aparecen en obras de arte que comienzan en la época de Sargón. Los prisioneros de guerra masculinos aparecen desnudos en varias estelas de victoria.

Esta estatua de diorita de un hombre acadio presenta una larga barba rizada, el pecho desnudo y una sencilla falda larga en forma de A [27]

El medioambiente definía la vida cotidiana en el Imperio acadio. El clima era principalmente árido o semiárido en Mesopotamia, con montañas, estribaciones, estepas cubiertas de hierba en el norte y desiertos y vastas regiones pantanosas en el delta meridional del río. Acad y Sumer eran extremadamente calurosas en verano, con temperaturas de hasta 49 °C y precipitaciones anuales de no más de 25 centímetros, que se producían principalmente en invierno. El Tigris y el Éufrates se desbordaban regularmente entre abril y junio, por lo que los acadios y sumerios disponían de sistemas hidráulicos como diques para regular las inundaciones.

La arcilla era un recurso natural esencial en Acad y en toda Mesopotamia. Formó las losas de la forma más primitiva de escritura. También era el material principal para la construcción de casas. La arcilla era fácil de conseguir en las llanuras de tierras semiáridas alimentadas por el Éufrates y el Tigris, y las casas de adobe o ladrillo de barro datan del Neolítico en Mesopotamia. Los árboles no eran tan comunes, por lo que los constructores solo solían utilizar la madera para enmarcar los tejados o las puertas.

La mayoría de las casas de la gente corriente tenían de una a tres habitaciones, con un patio para cocinar y llevar a cabo otras actividades. Los tejados eran planos y a menudo estaban cubiertos de grano, fruta o pescado, que se extendían para que se secaran. La gente también disfrutaba sentándose en sus tejados con la brisa de la tarde e incluso durmiendo en la azotea. Las personas de clase media y alta tenían casas más grandes centradas alrededor de un patio.

Generalmente, los constructores utilizaban ladrillos secados al sol para las viviendas, que sufrían daños con las lluvias invernales, por lo que en ocasiones tenían que extender nuevas capas de arcilla sobre las casas. Los palacios o templos se construían con ladrillos secados al horno o piedra (que normalmente había que importar, excepto en el norte de Mesopotamia, que disponía de yeso). La gente tiraba la basura a la calle; al cabo de un tiempo, se mezclaba con la arena hasta formar una capa más alta que los umbrales de las casas, lo que permitía que la lluvia y las aguas residuales se filtraran en las viviendas. Ocasionalmente, era necesario elevar los suelos por encima del nivel de la calle.

Un recurso natural era el betún, que se filtraba desde los lechos del suelo cerca del Éufrates. El betún era una sustancia negra y pegajosa —algo así como el alquitrán— que se utilizaba para pegar ladrillos o como recubrimiento impermeable de tejados u otros objetos. En la leyenda del nacimiento de Sargón, su madre selló su cesta con betún antes de hacerla flotar río abajo (como hizo la madre del Moisés bíblico).

En Acad (y en el resto de Mesopotamia), la dieta era similar a la actual de Oriente Medio. Cultivaban el trigo autóctono einkorn, que molían en harina y utilizaban para cocer el pan en hornos de barro comparables a los actuales hornos de tannour de Oriente Medio. Los hornos solían estar en el patio o en un lugar céntrico compartido con varios vecinos. La masa se leudaba o no, se aplanaba y luego se presionaba contra la pared interior del horno para cocerla. Era similar al pan naan, lavash o pita de hoy en día. El suelo de Mesopotamia se volvió cada vez más salino con el tiempo, por lo que muchas zonas pasaron de cultivar trigo a cebada, que toleraba mejor el suelo salino. Utilizaban la cebada para hacer pan, gachas y una espesa cerveza, esta última se consumía a diario y a menudo se bebía con pajita.

Cultivaban legumbres, incluidos garbanzos y lentejas. Podían tener cordero o cerdo que asaban o cocinaban en una cazuela de barro con verduras de temporada en los días festivos. Cultivaban frutas y verduras como ajos, puerros, cebollas, cominos, pepinos, albaricoques, dátiles, higos, uvas, melones, granadas y berenjenas. Los acadios consumían huevos y carne de aves acuáticas y pescado asado o seco. ¡Comían mucho pescado! Bebían leche de cabra y hacían yogur, queso, mantequilla y *ghee*. Cuando no estaban soportando una terrible sequía, la dieta acadia era rica en proteínas con una gran variedad de productos saludables.

Las ocupaciones de los acadios influían en su jerarquía social. Tenían un sistema de clases de cinco niveles. En la cima estaba la nobleza: el rey, sus gobernadores y otros líderes políticos. Muchos gobernadores u otros cargos de la administración superior pertenecían a la familia del rey. Los gobernadores acadios eran los principales administradores en los territorios conquistados que se extendían desde el mar Mediterráneo hasta el golfo Pérsico, y los militares acadios velaban por su cumplimiento.

El segundo estrato lo formaban los sacerdotes y sacerdotisas, que a menudo también eran miembros de la familia real. La casta sacerdotal — tanto hombres como mujeres— solía saber leer y escribir en la escritura cuneiforme. No solo organizaban el culto en los templos, sino que también ejercían de médicos y dentistas en los patios de los templos. Algunos eran astrólogos, observaban el movimiento de las estrellas, los planetas y los cambios celestes para predecir el futuro y descifrar presagios. Sargón estableció una biblioteca con lo que puede haber sido la primera colección de estudios astrológicos.

Los ciudadanos de clase alta constituían el tercer estrato social. Eran los contables, los comerciantes acomodados, los arquitectos, los oficiales del ejército, los escribas y los maestros. Muchas personas de esta clase estaban alfabetizadas, ya que la lectura y la escritura eran necesarias para su oficio. De lo contrario, tenían que contratar a un escriba. Se necesitaban nueve años para formar a un escriba en la lectura y escritura cuneiforme. El imperio contaba con escuelas para enseñar a leer y escribir a las clases media y alta, y algunas familias ricas contrataban a tutores.

El cuarto estrato social englobaba a las clases bajas, fundamentales para el crecimiento del imperio. Estas eran los agricultores, pastores y pescadores, y trabajaban para alimentar a la enorme población. Los dos recursos naturales más importantes de Mesopotamia eran los sistemas fluviales gemelos del Éufrates y el Tigris y el depósito anual de limo de estos ríos que cubría la tierra durante las inundaciones de primavera. Con abundante agua y fertilización natural, la agricultura o la ganadería era la ocupación de al menos la mitad de la población del Imperio acadio.

Algunos granjeros eran propietarios de sus tierras, normalmente de unas doscientas hectáreas. Otros eran arrendatarios y cultivaban unas doce hectáreas, pero tenían que entregar hasta dos tercios de la cosecha a los terratenientes y para la «porción del rey». No obstante, la cosecha restante era suficiente para mantener a una familia. La porción de la cosecha destinada al rey se cargaba en barcazas y se enviaba a Agadé para alimentar a la casa del rey y a su ejército[i].

Los mesopotámicos habían sido pastores de ovejas y cabras mucho antes de asentarse en ciudades y cultivar. Esta ocupación consagrada por el tiempo siguió proporcionando lana, leche y carne; algunos pastores se enriquecieron con la venta de lana. Criar burros y bueyes también era una ocupación rentable, ya que estos animales tiraban de carretas para el transporte. Los bueyes también tiraban de las barcazas para remontar los ríos y canales.

Los pescadores y acuicultores proporcionaban la fuente de proteínas más importante para el imperio, puesto que la población consumía cantidades asombrosas de pescado, lo que sabemos por los documentos de entrega. Pescaban con redes en los ríos y en el golfo Pérsico y los criaban en estanques alimentados por irrigación. Los patos y los gansos proporcionaban huevos, plumas y carne, y criaban pequeñas cantidades de cerdos para banquetes especiales. Los búfalos de agua aparecían en los sellos de la época acadia y eran vistos allí por los comerciantes. Es posible que fueran importados del valle del Indo.

Otras clases inferiores incluían a los tejedores de cestas, los trabajadores de la construcción, los artesanos y los militares alistados que no eran oficiales. Los trabajadores de la construcción para proyectos

---

[i] Foster, *The Age of Agade*, 143-46.

estatales como la limpieza de canales, la fabricación o colocación de ladrillos o la construcción de carreteras recibían raciones de comida, aceite de cocina y lana. En el Imperio acadio era totalmente posible ascender a niveles sociales más altos gracias a unas excelentes habilidades, ética laboral y alianzas matrimoniales estratégicas.

El empleo de las mujeres solía ser en el hogar. Molían el grano en harina para hacer pan, tejían telas, cosían prendas, cuidaban a los niños, traían agua del pozo comunitario, cortaban juncos para tejer esteras, cocinaban y limpiaban. Sin embargo, las mujeres podían adquirir tierras y administrarlas, lo que hacían comúnmente las mujeres de clase alta. También eran propietarias de tabernas. Las mujeres no tenían el mismo estatus elevado y la misma protección legal que en la cultura sumeria, pero era mayor que en el siguiente Imperio asirio. La posición más elevada para una mujer era servir como gran sacerdotisa, como hizo Enheduanna, la hija de Sargón. Las mujeres sacerdotisas también trabajaban como médicas y dentistas, ya que las artes médicas implicaban prácticas religiosas.

La clase más baja eran los esclavos. Normalmente, eran prisioneros de guerra y algunos tenían estudios o eran artesanos altamente calificados. Unos pocos esclavizados eran criminales que habían recibido la servidumbre como condena. Un hombre con deudas abrumadoras podía vender a sus hijos, a su mujer y a sí mismo como esclavos. Las personas esclavizadas eran caras de comprar y mantener, por lo que no solían desempeñar trabajos agrícolas. Era más barato adjudicar tierras a agricultores arrendatarios que se mantenían a sí mismos y entregaban al menos la mitad de la cosecha al terrateniente[1]. La mayoría de los esclavos eran criados domésticos de las familias ricas. Los esclavos calificados o educados servían como contables, artesanos, administradores de granjas, escribas y maestros.

El Imperio acadio desarrolló el primer servicio postal conocido del mundo, aprovechando el sistema de carreteras que se extendía por todo el imperio. Las «cartas» que entregaban los carteros en aquella época eran tablillas de arcilla con la escritura cuneiforme. El «sobre» comenzó con el reinado de Sargón; era una capa exterior de arcilla estampada con el sello del remitente. El destinatario abría la fina capa exterior para leer el mensaje.

---

[1] Foster, *The Age of Agade*, 149.

¿Cómo hizo posible un imperio fuerte las redes comerciales? El comercio ya estaba bien establecido en Mesopotamia, remontándose al Neolítico. Sin embargo, el sistema de calzadas del imperio, su relativa seguridad, sus fuertes alianzas y su territorio más amplio propiciaron un próspero comercio con regiones lejanas, vertiendo riqueza en Agadé y trayendo bienes necesarios y artículos de lujo de tierras lejanas. También propició asombrosos desarrollos en la comprensión matemática, la metalurgia, el arte y la arquitectura, ya que las innovaciones y las técnicas podían compartirse y seguir desarrollándose.

¿Dónde estaban las redes comerciales y con qué comerciaban? Mesopotamia tenía escasez de árboles, por lo que comerciaban con el Líbano por sus cedros y con las montañas del Cáucaso de Turquía por otras maderas. El este de Turquía (Anatolia) también era una rica fuente de plata, estaño y cobre. El Imperio acadio no tenía monedas planas, pero utilizaba «siclos» de plata, que eran pequeños trozos de plata que pesaban unos 8,4 gramos. Estos siclos mejoraron exponencialmente el comercio como medio de intercambio.

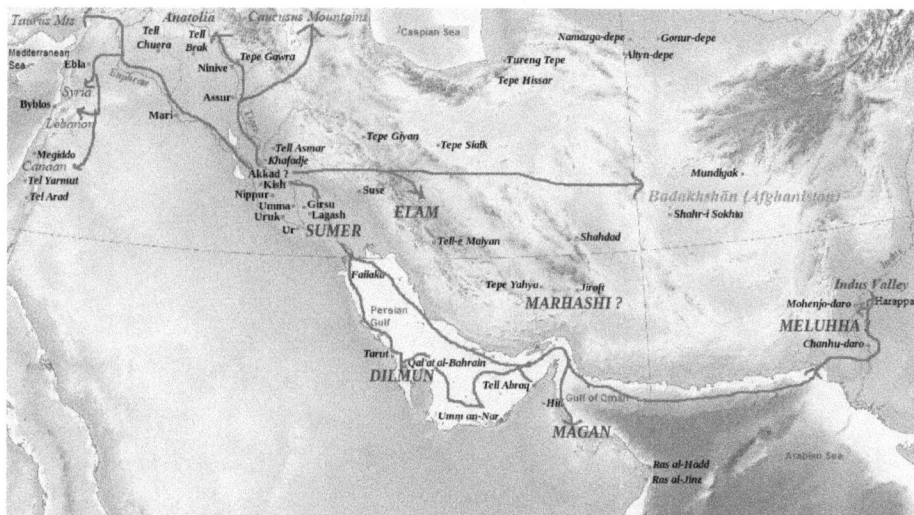

Las rutas comerciales del Imperio acadio se extendían desde el Mediterráneo hasta Anatolia, en el norte, hasta el valle del Indo, en el sureste, y alrededor del golfo Pérsico[28]

Sargón el Grande envió barcos al valle del Indo, comerciando con las ciudades de Mohenjo-Daro y Harappa (en el actual Pakistán) para obtener clavo, conchas únicas, cuentas de cornalina, marfil, madera y tejidos de algodón. Los barcos acadios también navegaron por el golfo Pérsico, comerciando con cobre, perlas, piedras semipreciosas y lino. Los acadios comerciaban con Badakhshān (Afganistán) por lapislázuli.

Los acadios exportaban grano, betún, tejidos de lana, aceite de cocina, frutos secos, pescado seco, artículos de cuero, cerámica y cestas.

La mayoría de las exportaciones del imperio eran bienes necesarios como los alimentos, mientras que las importaciones, excepto la madera, eran lujos, lo que apunta a la asombrosa riqueza del Imperio acadio[i]. Disponía de alimentos en abundancia (hasta la gran sequía), por lo que el comercio no era estrictamente necesario; más bien reflejaba el prestigio y la estratificación social de la sociedad acadia, así como la estima y el dominio del imperio sobre las zonas circundantes.

---

[i] Christopher Edens, "Dynamics of Trade in the Ancient Mesopotamian 'World System'", *American Anthropologist* 94, nro. 1 (1992): 122. http://www.jstor.org/stable/680040.

Capítulo 7: La guerra y los militares

¿Qué caracterizaba a la potencia militar acadia? ¿Cómo hizo esta fuerza marcial para conquistar como nunca antes? Sargón el Grande dijo que ganó 34 guerras. Su fuerza principal de 5.400 hombres fue el primer ejército permanente de la historia, y fue la primera vez que las campañas militares involucraron regiones distantes en lugar de las ciudades-estado vecinas. El recién desarrollado arco compuesto que utilizaba puntas de flecha de bronce fue uno de los secretos del éxito, ya que supuso una revolución armamentística.

¿Cómo reclutaban Sargón y otros reyes acadios a sus soldados? Una forma principal era a través de la conquista. Los estados conquistados normalmente tenían que hacer dos cosas: pagar tributo (dinero o bienes) a Acad y proporcionar hombres para el ejército del imperio. La mayoría de los imperios que siguieron al Imperio acadio emplearon este método de reclutamiento. Pero Sargón también inició cuerpos de voluntarios llamados *niskum*, que recibían beneficios por alistarse, raciones regulares de pescado y sal, y parcelas de tierra como recompensa cuando dejaban el servicio. Aproximadamente uno de cada cinco soldados del ejército acadio eran estos leales profesionales militares.

Sargón organizó su ejército de tiempo completo en nueve batallones de 600 hombres. Voluntarios o reclutados, los soldados del imperio pronto adquirirían experiencia en la batalla, ya que las guerras de conquista y defensa se sucedían la mayoría de los años, junto con la tarea

---

continua de aplastar las rebeliones esporádicas de los estados conquistados. Sargón también desplegó soldados *nim, en acadio, nim significaba moscas*. Enviaba a estos soldados por delante del cuerpo principal de guerreros como escaramuzadores para acosar y distraer al enemigo como un enjambre de moscas[i].

Esta estela de la victoria celebra la conquista de los lullubis por Naram-Sin [29]

[i] "The Akkadians". *Weapons and Warfare: History and Hardware of Warfare*, 2019. https://weaponsan,dwarfare.com/2019/07/29/the-akkadians/.

El rey acadio era el comandante en jefe del ejército, y bajo él estaban los generales, los máximos comandantes de campo de los lanceros, hacheros, arqueros y otras unidades. La estela de la Victoria de Naram-Sin lo muestra en la parte superior, más grande que la vida, con un casco con cuernos, frente a los conquistados lullubis. Frente a él, un soldado lullubi agoniza a causa de una lanza que le atraviesa el cuello. Detrás del hombre mortalmente herido, el rey lullubi, Satuni, suplica clemencia, y debajo de él, un general lullubi levanta la mano, suplicando por sí mismo y por sus hombres.

Bajo el rey y sus generales se encontraban los *laputtum* o comandantes de batallón. Los militares parecían utilizar el sistema sexagesimal (sesenta); un batallón tenía seiscientos hombres, mientras que un pelotón estaba formado por sesenta hombres. Estaban dirigidos por un *waklum* o capitán. Sargón tenía una fuerza de reserva de hombres entrenados en Agadé; mencionó haber reunido nueve contingentes de la ciudad. Es probable que llevaran a cabo trabajos regulares como nuestras reservas actuales, pero estaban entrenados y listos para desplegarse en cualquier momento[i].

Un ejército tan grande que cubría miles de kilómetros de territorio requería una organización superior para la logística y la administración. Como el imperio se extendía de mar a mar y el ejército seguía creciendo, Sargón necesitaba desesperadamente administradores capaces para su ejército. Repartió estas tareas burocráticas entre hombres de su confianza. Se aseguraban de que los soldados recibieran el pan y la cerveza diarios, y de que los suministros y las máquinas de asedio fueran transportados al lugar correcto. Estos burócratas requerían un buen conocimiento de las tierras por las que viajaba el ejército.

Por ejemplo, necesitaban saber de qué fuentes de agua locales disponían, a qué distancia se encontraban y qué cantidad habría que transportar. Sabían con precisión cuánto tiempo se tardaría en marchar de un punto a otro del imperio. Las ciudades conquistadas a lo largo del camino proporcionaban alimentos al ejército; los documentos de Umma enumeran las provisiones que suministraban al ejército acadio. Los escribas viajaban con el ejército, llevando registros de bajas y suministros, relatos que describían a sus adversarios y detalles distintivos de las nuevas tierras. Un sacerdote acompañaba a las tropas y practicaba la

---

[i] "Akkadian Military", *Weapons and Warfare: History and Hardware of Warfare*, 2019. https://weaponsandwarfare.com/2019/09/21/akkadian-military/.

adivinación para determinar las tácticas más propicias. Los correos llevaban las órdenes y otros mensajes de ciudad en ciudad.

Los bajorrelieves y otras obras de arte representan el arsenal militar, incluyendo el hacha de combate, el arco y la flecha, la jabalina, la lanza, la maza y la lanza. Varios cuerpos llevaban armas específicas; por ejemplo, habría un pelotón de arqueros para el asalto a larga distancia y pelotones de lanceros y portadores de hachas para el combate más cercano. Los lanceros solían llevar también un hacha, ya que con frecuencia perdían sus lanzas tras arrojarlas o empalar a alguien y no poder recuperarlas. Los soldados solían llevar una honda o un garrote para lanzar (como un bumerán) en el cinturón.

Este relieve rupestre en Darband-i Gawr de la montaña Qaradagh muestra a Naram-Sin sosteniendo un hacha de batalla en una mano con un arco colgado del hombro[30]

En su estela de la victoria, Naram-Sin sostiene lo que parece ser un arco compuesto, que otorgaba al ejército acadio una clara ventaja sobre sus enemigos. Un arco simple «propio» está hecho de una sola pieza de madera, mientras que un arco compuesto tiene varias piezas pegadas con cuerno de buey o de íbice y tendón animal, lo que proporciona una mayor flexibilidad. La velocidad del arco compuesto era de dos a tres veces mayor que la de un arco simple; las flechas podían viajar al menos el doble de lejos y atravesar armaduras de cuero. Como el letal arco compuesto era más ligero, resultaba más fácil dispararlo desde un caballo o un carro.

¿Qué hay de la armadura? La mayoría de las obras de arte de la época del Imperio acadio no muestran ninguna protección corporal en los soldados, excepto cascos, a veces con alpartaz de cuero para proteger el cuello. En la estela de la Victoria de Rimush, el soldado que sostiene el arco lleva lo que parece ser una prenda de cuero. El soldado que mata al prisionero lleva una faja sobre el hombro sujeta por un cinturón. Si el material era cuero, podría haber sido una especie de armadura. La mayoría de las obras de arte acadias no muestran a soldados sosteniendo escudos, pero los militares acadios probablemente utilizaban «escudos torre» como los soldados de Lagash representados en la estela de los Buitres.

¿Qué tácticas utilizaban los militares acadios? ¿Tenían caballería? ¿Utilizaban carros en la guerra? Los sumerios utilizaron un engorroso carro de cuatro ruedas tirado por uno o dos asnos durante siglos antes que Sargón, y el arte acadio representa varios tipos de vehículos de carro en combate. Los eruditos creyeron inicialmente que los caballos no aparecieron en Mesopotamia hasta unos quinientos años después de Sargón el Grande, basándose en la falta de obras de arte acadio y sumerio que representaran a una persona a caballo. Sin embargo, en 1992, los arqueólogos desenterraron un modelo de arcilla de un caballo en Tell es-Sweyhat (Siria), a orillas del río Éufrates, que data del año 2300 a. e. c., es decir, durante el reinado de Sargón. Los modelos de carros encontrados en el mismo yacimiento implican que eran tirados por caballos. Los textos hallados en Ebla indican que había caballos en Mesopotamia, incluso antes del reinado de Sargón. Esto significa que el uso de la caballería y de carros tirados por caballos pudo haber contribuido al auge sin precedentes del Imperio acadio[i].

Los soldados de infantería (soldados a pie) servían en unidades de lanceros, arqueros y hacheros. Los lanceros podrían haber desplegado en primer lugar munición con hondas antes de acercarse lo suficiente para empalar a sus enemigos con lanzas. La caballería y los carros probablemente apoyaban a la infantería, quizá lanzando una carga inicial cuando los dos ejércitos se acercaban el uno al otro. Si los caballos y los carros más rápidos eran nuevos en Mesopotamia y el Levante, el mero valor de choque podría haber hecho huir al enemigo.

---

[i] John Noble Wilford, "Ancient Clay Horse is Found in Syria", *The New York Times*, 3 de enero de 1993. https://www.nytimes.com/1993/01/03/world/ancient-clay-horse-is-found-in-syria.html.

Esta estela de la Victoria, que se cree que es de Rimush, retrata la masacre de enemigos desarmados. El soldado de la izquierda empuña lo que parece ser un arco compuesto[81]

Sin embargo, algunos combates no se habrían prestado ni a los carros ni a la caballería. Por ejemplo, el terreno habría sido demasiado accidentado y escarpado para los carros cuando los acadios lucharon en los montes Zagros contra los guti, lullubis y elamitas. A los caballos les habría ido un poco mejor, pero la ventaja de la caballería era el ataque rápido, que habría sido difícil en campos de batalla accidentados y boscosos.

Las inscripciones acadias mencionan a menudo los asedios, pero no incluyen muchos detalles de en qué consistía su guerra de asedio. Sargón mencionó «derribar» los muros de las ciudades que se le resistían, pero no dijo *cómo* lo hizo. Sabemos por pruebas textuales que Siria utilizaba arietes (*yašibu* en lengua acadia) en la época del Imperio acadio. Algunos sellos cilíndricos representan carros o carretas; algunos eran tirados por caballos (o asnos) y otros eran propulsados por personas. Una rama de los acadios asentó la ciudad de Nabada en Siria (el yacimiento arqueológico es Tell Beydar) aproximadamente un siglo antes que Sargón el Grande. Durante el Imperio acadio, Nabada fue un puesto avanzado del imperio. Las impresiones de sellos cilíndricos de las excavaciones arqueológicas de Tell Beydar muestran prototipos de máquinas de asedio.

Una impresión del sello muestra varios carros de cuatro ruedas de diferentes formas. El vehículo de la parte superior derecha (y superior izquierda) de la escena parece un carro de cuatro ruedas tirado por un caballo. En la parte inferior de la imagen aparecen dos carros sin caballos. Ambos están frente a una estructura parecida a una torre que podría representar un edificio alto (quizá la muralla de una ciudad). El carro situado a la izquierda de la estructura elevada tiene tres palos que se extienden desde él y que podrían ser una especie de ariete triple empujado desde atrás para derribar la estructura.

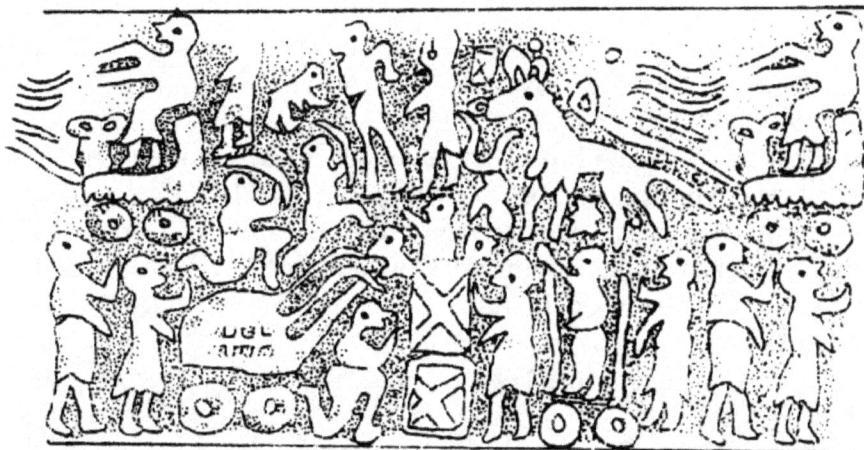

Esta impresión de sello de la ciudad acadia de Nabada muestra lo que parece ser un ariete con ruedas en la parte inferior izquierda y una torre de asedio rodante en la parte inferior derecha [32]

A la derecha de la estructura alta, otra carreta con un hombre dentro tiene una pared delantera y trasera, altas y está siendo empujada desde atrás por otro hombre. La función de este carro no está clara; sin embargo, otra fotografía muestra un carro similar a este con los laterales casi tan altos como las paredes. Parecen ser torres de asedio sobre ruedas para proteger a los soldados y elevarlos lo suficiente para disparar flechas contra la estructura. Estas imágenes sugieren que los militares acadios disponían de arietes y otras máquinas de asedio algo sofisticadas.

¿Cuáles eran las estrategias ofensivas y defensivas del ejército acadio? La formación de batalla de falange se utilizaba en Sumeria aproximadamente un siglo antes de Sargón el Grande, por lo que es de suponer que el ejército acadio la utilizara. La estela de los Buitres, que celebra la victoria del rey Eannatum de Lagash sobre Umma, muestra una fila de ocho soldados de pie, hombro con hombro, con cuatro grandes escudos que les cubren el cuerpo desde el cuello hasta los tobillos. En una formación típica de falange, cada soldado tiene su propio escudo, pero la talla parece representar un escudo por cada dos soldados, lo que habría sido posible con escudos más grandes y dobles empuñaduras.

La formación de falange se utilizaba tanto defensiva como ofensivamente. Los hombres sostenían los escudos hasta tocar los de alado; incluso podían superponerse ligeramente. Mientras los soldados mantuvieran una intensa disciplina y se mantuvieran firmes, la falange presentaba un muro de defensa casi impenetrable. Las únicas partes del cuerpo expuestas eran las cabezas y los cuellos con yelmo y los pies.

Pero la falange era también una formidable herramienta ofensiva. Una falange típica no consistía en una sola fila de soldados, sino en varias filas, una detrás de otra. Las filas de soldados con escudos marchaban con paso firme hacia el enemigo, manteniendo filas inmaculadas. Mientras tanto, los arqueros disparaban flechas con sus arcos compuestos al aire, por encima de las cabezas de los soldados acadios y hacia las filas enemigas. Con una lluvia de flechas cayendo sobre ellos, el enemigo comenzaría a romper filas mientras la falange marchaba constantemente hacia ellos.

La sección de la estela de los Buitres muestra una formación de falange [33]

Una vez que la falange se encontraba a unos diez o quince metros de distancia, los soldados se lanzaban de repente a la carrera, golpeando al enemigo con sus escudos. Los soldados de la segunda, tercera y demás filas empujaban con sus escudos a los soldados que tenían delante, de modo que era como una gigantesca apisonadora humana que surcaba las filas enemigas. En la estela de los Buitres, los soldados caídos yacen a los pies de los soldados, aplastados por la embestida de los escudos.

A veces, una falange fuerte y cerrada conseguía atravesar las filas enemigas. Por lo general, la falange acababa rompiéndose, quizás al tropezar con los cuerpos de los hombres que tenían debajo o cuando el bando contrario también tenía una falange cerrada. Cuando la falange se desmoronaba, los soldados cogían sus hachas de batalla y sus mazas para el combate cuerpo a cuerpo. La formación de falange funcionaba muy bien en un campo de batalla razonablemente llano, sin árboles ni otros obstáculos en el camino. Pero cuando luchaban en las montañas o en terreno boscoso, tenían que aplicar estrategias alternativas. Utilizaban escudos más pequeños y redondeados, enfrentándose más con sus hachas y lanzas.

Varias estelas representan a tropas derrotadas desnudas. Algunas están encadenadas, lo que significa que probablemente se enfrentaron a la esclavitud, mientras que otras están empaladas con lanzas o golpeadas en la cabeza con un hacha o una maza. Cuando vencían al enemigo, los soldados acadios los despojaban de sus armas y ropas. Los acadios amontonaban a los soldados enemigos muertos —a veces por miles— en un gran montículo cubierto de tierra. Esta colina de soldados muertos podía tener una estela monumental erigida en la cima, celebrando la victoria y planteando una sombría advertencia a otras ciudades que pudieran resistirse a la maquinaria bélica acadia.

El rey acadio necesitaba ser un gran guerrero para ganarse el respeto de su pueblo como líder. Sargón marcó la pauta que los demás debían seguir. Conquistó enormes extensiones de territorios, trajo cantidades asombrosas de botín y abrió nuevas rutas comerciales que condujeron a una riqueza inimaginada para Acad. El rey acadio ideal estaba intrépidamente dispuesto a saltar a los conflictos violentos para ampliar las fronteras del imperio, proteger a su pueblo contra las invasiones y someter las insurrecciones.

Este concepto supuso un cambio de paradigma en la teología. Antes, los sumerios se sentían dependientes de los dioses para tener éxito en la batalla. No era culpa suya si perdían: los dioses habían ordenado el triunfo para el otro bando. Sin embargo, especialmente con Naram-Sin, lo vemos atribuirse el mérito de sus victorias en lugar de reconocer la intervención divina. Cuando se produjeron múltiples catástrofes cerca del final de su reinado, que finalmente condujeron a la caída del imperio en las reglas de sus sucesores, los mesopotámicos se aferraron a la idea de que su falta de piedad trajo una maldición sobre Agadé.

Sargón creó el primer imperio multinacional del mundo con el primer ejército permanente del mundo. ¿Qué hacía ese ejército permanente cuando no estaba invadiendo nuevas tierras? El ejército acadio se dedicaba a menudo a salvaguardar los dominios que ya habían sido capturados de insurrecciones internas e invasiones externas. A las insurrecciones se respondía con la matanza masiva de poblaciones y el arrasamiento de ciudades, incluso ciudades acadias. Los militares acadios combatieron ferozmente a los guti, elamitas y otros invasores, aniquilando a sus prisioneros o esclavizándolos.

El ejército a tiempo completo también garantizaba la paz y la estabilidad en todo el imperio. Se apostaron batallones en las provincias conquistadas, desalentando las rebeliones y manteniendo seguras las rutas comerciales. Esta relativa seguridad provocó un aumento del comercio, enriqueciendo a todo el imperio. La ley y el orden potenciaron la construcción de un sistema de carreteras en todo el imperio, el sistema postal, el apasionante intercambio de desarrollos científicos y artísticos, así como los avances en irrigación y construcción.

Los acadios afrontaban los conflictos y las guerras de forma diferente a sus vecinos sumerios. Sargón y sus sucesores tuvieron que adaptarse a gobernar pueblos con culturas y lenguas diversas. Aunque en general dejó intactas las prácticas religiosas y culturales autóctonas, Sargón descubrió que un enfoque «suave» era inadecuado. Recurrió a colocar guarniciones tripuladas con soldados y gobernadores acadios en las tierras conquistadas.

Cuando las guarniciones y los gobernadores acadios fracasaban a la hora de mantener a raya a una ciudad-estado —sobre todo en Sumer— Sargón y sus descendientes (especialmente Rimush) mataban, esclavizaban o exiliaban a casi toda la población y repoblaban la tierra con acadios. Los sumerios consideraban esto un sacrilegio contra los dioses. Una vez más, la teología acadia entraba en conflicto con las creencias sumerias de que un dios patrón poseía y protegía cada ciudad y que la realeza descendía del cielo.

Los acadios eran más humanistas, creían que la gente poseía la tierra y gobernaba las ciudades y que los hombres, y no los dioses, determinaban la realeza[i]. Por supuesto, los acadios eran religiosos y creían que eran guiados y ayudados por los dioses; de hecho, eran los

---

[i] "Akkadian Military", *Weapons and Warfare*.

mismos dioses que los sumerios. Sin duda consultaban los presagios a cada paso, pero no pensaban que todo fuera propiedad u ordenado por los dioses.

El ejército desempeñó un papel crucial en el éxito del Imperio acadio. El ejército permitió a los acadios unir toda Mesopotamia bajo un solo gobernante y luego extender el imperio en todas direcciones. La visión del mundo de los acadios condujo a una nueva teología de la guerra. La competición era un valor esencial, ya que era más importante vivir según el propio ingenio y hacer alianzas clave y tomar decisiones inteligentes que confiar en la intervención divina[i].

Sargón creía que tenía un derecho divino a conquistar. Pensaba que estaba reflejando el panteón celestial al reunir a todas las ciudades-estado de Mesopotamia y más allá bajo un gobierno centralizado. Él y los acadios creían que los humanos dirigían el universo. La teología de la guerra de los acadios era triple: 1) lucha dentro del reino divino de los dioses, 2) competición entre las fuerzas militares, que dependían del favor divino, y 3) orden y equilibrio aportados por el rey humano. El papel principal del ejército era permitir al rey poner orden para que el gobierno de la tierra reflejara el de los cielos[ii].

[i] Foster, *The Age of Agade*, 236.

[ii] Michael Cserkits, "The Concept of War in Ancient Mesopotamia: Reshaping Carl von Clausewitz's Trinity", *Expeditions with MCUP*, United States Marine Corps University Press, (2022). https://doi.org/10.36304/ExpwMCUP.2022.01

Capítulo 8: Cultura y arte

¿Qué diferenciaba el arte y la cultura acadios de los de otras civilizaciones? Benjamin Foster, catedrático de asiriología y literatura babilónica en Yale, resume el arte acadio como «un capítulo brillante en el desarrollo de la iconografía y la técnica»[i]. Los acadios llevaron el arte visual a nuevas cotas. Renovaron las estructuras sumerias en su propio e imponente estilo arquitectónico e introdujeron el primer autor de poesía, himnos y oraciones con nombre propio del mundo. Los innovadores logros culturales de la civilización acadia estuvieron a la altura de su asombroso éxito en la construcción de imperios.

La literatura acadia es enriquecedora y fascinante, ya que trata temas como los orígenes humanos, las razones o la falta de razones del sufrimiento y la intervención de los dioses en la historia. Los temas recuerdan a los relatos y la poesía bíblicos, reflejando las luchas, frustraciones y preguntas de la humanidad. El registro textual acadio abarca una amplia gama, incluyendo documentos administrativos mundanos, cartas personales, contratos legales, recetas, guías de «cómo hacer», tablas matemáticas y prescripciones medicinales. Pero las joyas de la literatura acadia son los sofisticados poemas, relatos e himnos que nos ayudan a comprender la vitalidad y complejidad de la vida acadia[ii].

---

[i] Foster, *The Age of Agade*, XVI.

[ii] Alan Lenzi, *An Introduction to Akkadian Literature* (University Park: The Pennsylvania State University Press, 2019), 5-6.

La literatura naru fue un género literario mesopotámico que surgió hacia finales del Imperio acadio. Eran relatos moralistas en los que intervenía un héroe humano —generalmente un rey— y su relación con los dioses. Dos ejemplos predominantes de literatura naru son inscripciones escritas varias generaciones después del final del imperio, pero trataban sobre acontecimientos de la época acadia: La *Leyenda de Sargón*, de la que hablaremos en el capítulo 9, y *La maldición de Agadé*, de la que ya hablamos en el capítulo 5. Estos dos relatos mezclan acontecimientos de la vida real (como la gran sequía y la invasión guti) con la interpretación de los autores sobre la intervención divina y, en ocasiones, ficción fantasiosa. La literatura naru no es tanto relatos históricos reales como un intento de extraer significado de la historia o de la pseudohistoria[i].

Otro ejemplo de literatura naru en el que interviene un rey acadio es la *Leyenda de Cutha*, protagonizada por Naram-Sin, el cuarto rey de Agadé. Es un cuento con moraleja sobre seguir la voluntad de los dioses en lugar de confiar en el propio poder. La historia comienza con Naram-Sin lamentándose del destino de Enmerkar de Uruk, que sufrió la ira de los dioses sin ninguna razón real, a pesar de sus intentos de adivinación. Naram-Sin se lanza entonces a su propia historia de la inexplicable ira divina provocada por un enorme ejército de 360.000 guerreros aparentemente sobrenaturales, amamantados por Tiamat, la diosa del caos. Uno a uno, este ejército diabólico destruyó civilizaciones como Subartu, Guti, Elam, Dilmún y otras.

Naram-Sin envió a su soldado armado con una daga a apuñalar a uno de los guerreros. Si salía sangre, eran humanos, pero si no, eran demonios del inframundo. El soldado regresó para informar de que salía sangre; eran mortales. Naram-Sin sacrificó entonces siete corderos, y siete adivinos que representaban a siete dioses le prohibieron ir contra el ejército. Pero Naram-Sin decidió seguir el consejo de su propio corazón, diciendo: «¡Déjenme asumir la responsabilidad por mí mismo!».

En su primer año de campaña militar contra el ejército infernal, envió 120.000 hombres, y todo el ejército murió a manos del enemigo. En el segundo año, envió 90.000 soldados, y el ejército infernal aniquiló a todos los hombres. El tercer año envió a 60.700 guerreros, y ningún hombre regresó con vida. Naram-Sin estaba consternado y

---

[i] Joshua J. Mark, "The Legend of Cutha", *Enciclopedia de Historia Mundial*, 2021. https://www.worldhistory.org/article/1869/the-legend-of-cutha/.

desconcertado. ¿Cómo pudo ocurrir esto? Profundamente angustiado, se dio cuenta de que era un pastor que había fallado a su pueblo. ¿Cómo podía salvar a su país?

Tras humillarse ante los dioses, Naram-Sin capturó a doce hombres del abominable ejército y los llevó de vuelta a Agadé. Los dioses le ordenaron que perdonara a estos hombres porque el dios Enlil ya había planeado la destrucción de la ciudad de estos soldados. Naram-Sin se dio cuenta de que debía ejercer el autocontrol, mantenerse a raya y permitir que los dioses actuaran. Aprendió que no podría salvar a su país con sus propios esfuerzos, sino solo con la protección divina[i].

Otro género dominante de la literatura acadia es la poesía religiosa, que fue escrita por la hija de Sargón. Estratégicamente, Sargón colocó a sus hijos y otros parientes en puestos administrativos clave en Acad y sus territorios conquistados. Nombró a su hija Enheduanna en Ur como suma sacerdotisa del dios de la luna Nanna. Su presencia real ayudaría a crear estabilidad en el sur de Sumer. Enheduanna fue una prolífica escritora de himnos y oraciones petitorias. Es la primera autora literaria de la historia de la que tenemos un nombre. La poesía de Enheduanna ayudó a sincretizar el concepto sumerio de las divinidades con la teología acadia.

El nombre de Enheduanna era sumerio y probablemente se trataba de un título sacerdotal, no de su nombre de nacimiento. Literalmente significaba «sacerdotisa principal, el ornamento del cielo». En su poema, *Reina de todos los poderes cósmicos,* relata su lucha con el rey de Ur, Lugal-Anne-Mundu. Fue el mismo rey que se unió a los reyes de Uruk y Kish en una revuelta contra su sobrino, Naram-Sin. Acosada sexualmente, obligada a abandonar su puesto de gran sacerdotisa y a exiliarse, y sintiéndose abandonada por Nanna, suplicó a la hija de esta, la diosa Inanna:

> «Reina de todos los poderes cósmicos, luz brillante que brilla desde lo alto,
>
> mujer firme, vestida de esplendor, amada de la tierra y del cielo...
>
> Sí, ocupé mi lugar en la morada del santuario,
>
> fui suma sacerdotisa, y yo, Enheduanna.

---

[i] Mark, "The Legend of Cutha".

Aunque llevé la cesta de las ofrendas, aunque entoné los himnos,

una ofrenda de muerte estaba lista; ¿es que yo ya no vivía?

... Oh dios de la luna Suen, ¿es este Lugal-Anne mi destino?

... Yo soy Enheduanna; permíteme que te hable de mi oración,

mis lágrimas fluyen como un dulce embriagante...

Me gustaría que juzgara el caso...

Ese hombre ha desafiado los ritos decretados por el santo cielo

¡le ha robado a An su propio templo!

... ¡Ha convertido ese templo en una casa de mala reputación!

Forzando la entrada, como si fuera un igual,

¡se atrevió a acercarse a mí en su lujuria!

...Oh preciosa, preciosa reina, amada del cielo,

tu sublime voluntad prevalece; ¡que sea para mi restauración!»[i].

Enheduanna recibió una respuesta favorable a sus plegarias y recuperó su puesto como suma sacerdotisa. Sirvió durante más de cuarenta años y escribió al menos cuarenta y dos poemas sobre sus sentimientos de frustración por sus circunstancias y su devoción a Nanna e Inanna. Los himnos de Enheduanna y otros poemas acadios estaban claramente destinados a la interpretación, lo que significa que eran cantados o hablados. Aunque no se utilizaba la rima, salvo accidentalmente, la métrica y el patrón rítmico son agradables de escuchar, con agrupaciones de dos a cuatro versos y repetición de pareados. Las propias obras tienen a menudo versos como «cantaré» o llaman al público a «escuchar».

Sin embargo, la métrica no siempre era predecible. Normalmente, los poemas tenían cuatro picos acentuales por línea, pero luego divergían repentinamente hacia un ritmo diferente de tres o cinco (o incluso más) picos. M. L. West, un erudito británico de la lingüística y la música, teorizó que la poesía acadia se cantaba, quizá con el acompañamiento de

---

[i] Foster, *Age of Agade*, 331-336.

un arpa o una lira, y los intérpretes disponían de un repertorio elástico de entonaciones, pausas e inflexiones. De este modo, los ritmos irregulares podían llegar a ser uniformes, lo que, en su opinión, hipnotizaría al público[i].

El arte acadio tiene varias categorías, rebosantes de innovación y energía. Lamentablemente, las ruinas de Agadé siguen ocultas bajo la arena, y es casi seguro que, cuando se descubran, arrojarán un tesoro en temas artísticos, literarios y arquitectónicos acadios. Pero los escasos ejemplos de esculturas, monumentos y otros logros artísticos recuperados en otros yacimientos nos dan una idea del ingenio y la habilidad de los artistas acadios.

Este sello cilíndrico de Kalki, el escriba (cuarto por la izquierda,) lo muestra con el hermano del rey y otros dignatarios y sirvientes[34]

Un tipo de arte delicado, que fue utilizado por escribas y administradores en toda Mesopotamia durante siglos antes del Imperio acadio, eran las impresiones de sellos cilíndricos. Debido a que estos pequeños cilindros eran tan resistentes —se han descubierto cientos de ellos—, aún pueden rodarse sobre arcilla para obtener una nueva imagen, lo que permite comprender mejor la vida de la época. Los acadios parecían preferir la roca serpentina para sus sellos, en comparación con la civilización sumeria anterior a Sargón y la tercera dinastía de Ur posterior[ii]. Aunque a menudo prevalecían los temas mitológicos, como las luchas con criaturas míticas y entre los dioses, las escenas eran más

---

[i] M. L. West, "Akkadian Poetry: Metre and Performance". *Iraq* 59 (1997): 175-87. https://doi.org/10.2307/4200442.

[ii] Foster, *Age of Agade*, 202-205.

---

naturalistas. El dios del sol Shamash aparece representado con frecuencia, junto con otras deidades, como Ea (Enki) e Inanna (Ishtar). Los héroes humanos exhiben músculos ondulantes y espesa cabellera rizada.

El sello de diorita en blanco y negro del escriba Kalki muestra una imagen de Ubil-Eshtar, que probablemente era hermano de Sargón, en el centro de cinco hombres. Un arquero al frente y un dignatario barbudo miran hacia atrás, hacia Ubil-Eshtar. Con la cabeza y el rostro afeitados y sosteniendo una tablilla, Kalki camina inmediatamente detrás de Ubil-Eshtar, seguido por otro dignatario barbudo. Dos sirvientes, que son solo la mitad de altos que los cinco hombres, lo que denota su estatus inferior, llevan una red y un taburete en la parte trasera de la procesión. La escritura cuneiforme identifica a Ubil-Eshtar como hermano del rey y a Kalki como su sirviente.

El sello de Ibni-Sharrum, escriba del rey Sharkalisharri, muestra a unos hombres abrevando búfalos junto a un arroyo que fluye [35]

El arte glífico acadio (impresiones de sellos cilíndricos) destaca por la representación realista de seres humanos y animales, pero los acadios también desarrollaron el arte paisajístico hasta nuevas cotas. A veces, los árboles, las rocas, los arroyos y las montañas forman toda la composición, mientras que otras veces se utilizan como fondo o para separar escenas de hombres o animales. En el Sello de Ibni-Sharrum, un riachuelo de agua forma un borde en la parte inferior, mientras los búfalos de agua beben contentos de las vasijas que fluyen.

Las figuras masculinas muestran la típica complexión musculosa y la melena alborotada, habituales en el arte acadio. Están desnudos, lo que a menudo implica esclavitud, pero sus barbas y peinados elaboradamente rizados indican que son de clase superior. Los artistas acadios plasmaron una representación asombrosamente realista de los músculos, los tendones y la estructura ósea. La perfección idealizada de los cuerpos recuerda a las esculturas griegas clásicas que llegaron unos 1.500 años más tarde.

Los restos de escultura acadia que han sobrevivido a lo largo de los últimos cuatro mil años muestran unas habilidades notables y sorprendentemente avanzadas para la Edad del Bronce temprana y media. Los artesanos acadios formaron esculturas de diorita, alabastro y cobre. La artesanía metalúrgica prosperó en la época acadia. El metal se conseguía fácilmente a través de las rutas comerciales y los reyes crearon talleres para que los artesanos ejercieran su oficio. El cobre era barato y abundante en aquella época, ya que se extraía en el norte de Mesopotamia y se enviaba desde Omán. El bronce, que está hecho de cobre y estaño, se utilizaba con menos frecuencia porque el estaño se hizo más raro por razones desconocidas.

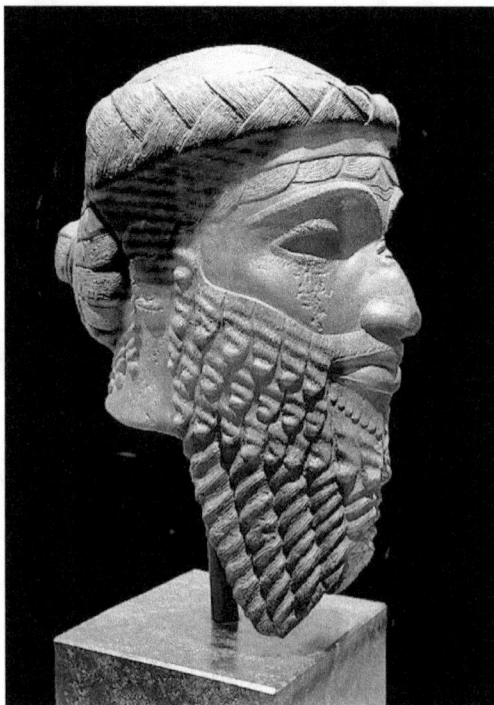

Esta cabeza de cobre exquisitamente elaborada es de un rey acadio no identificado [86]

Los rasgos faciales de una llamativa cabeza de cobre, que tal vez represente a Sargón el Grande o a Naram-Sin, son de un realismo sobrecogedor, mostrando una belleza y un poder sobrecogedores. Hallada en Nínive, la cabeza de fundición hueca formaba parte de una estatua completa, y el cabello, recogido en un moño, junto con la elaborada barba, muestran el peinado masculino de la época o, al menos, de la élite. El hijo de Sargón, Manishtushu, dedicó un templo a Ishtar en Nínive, por lo que es posible que instalara la cabeza (y el resto de la estatua) en el templo. En ese caso, sería la imagen de Manishtushu.

Otra escultura de cobre de gran realismo es la estatua Bassetki, llamada así por el pueblo del norte de Irak donde fue encontrada. La escultura es la entrañable figura de un joven. La parte superior se ha roto a la altura de su cintura, por lo que solo podemos imaginar su rostro, su pelo y su torso. Está sentado sobre una superficie plana con las piernas dobladas hacia un lado, con la rodilla izquierda tocando la parte posterior del tobillo derecho. Entre sus piernas hay un recipiente que probablemente sostenía un estandarte.

La estatua de Bassetki fue robada del museo iraquí en la invasión de 2003 y recuperada ese mismo año, escondida en un pozo negro[87]

Una inscripción cuneiforme en acadio antiguo en la base de la escultura dice que protegía la entrada del palacio de Naram-Sin. Dice que los ciudadanos de Agadé rezaron a los dioses para que hicieran de Naram-Sin el dios patrón de su ciudad, y le construyeron un templo después de que este venciera una importante rebelión. La escultura destaca por sus representaciones asombrosamente realistas del cuerpo humano, que una vez más prefiguran la época griega clásica en más de un milenio. La inscripción sobre hacer de Naram-Sin un dios es lo que los mesopotámicos posteriores creen que hizo caer la maldición de Agadé.

Los metalúrgicos acadios fabricaban recipientes para comer, beber o decorativos, pero principalmente fabricaban herramientas y armas. Mesopotamia ya tenía un sofisticado conocimiento de la metalurgia con bronce, cobre, oro y plata antes del auge del Imperio acadio, pero los acadios desarrollaron nuevas formas, como una copa para beber con pie. Los artesanos también inscribían con frecuencia sus nombres u otra información en los utensilios de metal.

La mayoría de las civilizaciones considerarían la piedra útil, pero no especialmente valiosa. Sin embargo, los acadios apreciaban la piedra, principalmente porque Mesopotamia no tenía mucha más que algo de caliza, arenisca y basalto en el norte. Cuando invadían otras tierras como Elam o Anatolia, acarreaban alegremente piedras de vuelta como trofeos de guerra, utilizándolas para sus palacios, templos y estelas. Rara vez utilizaban la piedra para esculturas (aparte de los bajorrelieves), pero favorecían el alabastro y la diorita importados cuando lo hacían. Un ejemplo exquisito es una cabeza de alabastro hallada en Adab (Bismaya), en el sur de Mesopotamia, que los eruditos creen que representa a un rey o gobernador.

La época acadia destaca por las estelas que conmemoran victorias militares, monumentos tallados en grandes losas de arenisca o piedras más preciosas a distancia. Una estela acadia solía tener una escultura en bajorrelieve elevada que sobresalía de la piedra con escritura cuneiforme que describía la victoria. Sargón era conocido por colocarlas en las tierras que conquistaba, pero el viento, la arena, el vandalismo y el tiempo han erosionado o cubierto la mayoría de lo que podrían haber sido cientos de estelas de los reyes acadios. Estas estelas formaban parte de la campaña de propaganda de Sargón para legitimar su derecho a gobernar[i].

[i] Lorenzo Nigro, "The Two Steles of Sargon: Iconology and Visual Propaganda at the Beginning of Royal Akkadian Relief", *Iraq* 60 (1998): 85. https://doi.org/10.2307/4200454.

Una estela temprana de Sargón lo muestra con una larga barba que le llega casi hasta la cintura, seguido de un sirviente que sostiene una sombrilla. La vestimenta de Sargón parece estar hecha de piel de oveja sujeta con un cinturón y con un hombro al descubierto. Sostiene una red de batalla, símbolo de los prisioneros capturados; una hilera de prisioneros se encuentra en la sección de la estela situada encima de Sargón. En la estela sumeria de los buitres, un dios sostenía la red de prisioneros, pero ahora la tiene Sargón, lo que significa un cambio teológico[i].

Sargón (izquierda) lleva una red de prisioneros capturados en esta estela. Un hombre con una sombrilla y dignatarios siguen al rey[88]

La arquitectura acadia implementó el estilo sumerio con algunos giros nuevos. Los acadios continuaron la tradición sumeria de un patio central rodeado de varias habitaciones en sus casas privadas. Desde la cultura Ubaid, se habían utilizado en la construcción ladrillos plano-convexos secados al sol con una parte superior en forma de cúpula —con un aspecto similar al de una barra de pan. En cambio, los constructores acadios utilizaron ladrillos rectangulares con la parte superior plana y de diversos tamaños.

Los edificios administrativos y los templos eran mucho más imponentes; se hacían a mayor escala y tenían gruesos muros y una marcada simetría. Los acadios construyeron nuevas estructuras y renovaron edificios más antiguos para reflejar el estilo formidable y colosal que preferían. Un ejemplo impresionante fue el templo de Abu

i Foster, *The Age of Agade*, 195.

en Eshnunna —una ciudad del centro de Mesopotamia— que está cerca de una posible ubicación de Agadé.

El pequeño santuario original dedicado al dios Abu data de alrededor del 3100 a. e. c. Fue reconstruido en forma rectangular y reconstruido de nuevo en un patio cuadrado, rodeado de varias estructuras rectangulares. De esta época se desenterró una serie de estatuillas que representaban a adoradores. Finalmente, los acadios reconstruyeron el santuario en una forma masiva, conocida como el «Templo del santuario único». Esta estructura tenía una forma rectangular alargada, con paredes tres veces más gruesas y dos veces más altas que la que sustituyó. Presentaba una única gran entrada en un extremo, una plataforma para las divinidades de culto en el otro y un pequeño rincón a un lado con una pila para las abluciones.

El hijo de Naram-Sin, Sharkalisharri, supervisó la reconstrucción de Ekur, el templo de Enlil en la ciudad sagrada de Nippur. El templo no ha sobrevivido, aunque gobernantes posteriores lo reconstruyeron, pero sí los registros de los constructores y los materiales. Una asombrosa cantidad de metal precioso adornaba el templo: toneladas de cobre y más de mil libras de oro, plata y bronce. Cientos de artesanos —carpinteros, grabadores, orfebres, escultores y ebanistas— produjeron una ornamentación exquisita: bisontes bañados en oro, dragones de cobre y oro, estatuas de reyes bañadas en oro y muchas más obras de arte encantadoras[i].

El arte acadio reflejaba el poder y la ideología del imperio. El mecenazgo de los reyes acadios a los talleres artísticos de metales, piedras y otros elementos fomentó la brillantez creativa. Los artistas acadios condujeron a Mesopotamia a una nueva era de arte realista. Aunque el arte y la arquitectura acadios reflejaban la influencia sumeria, también eran un tipo de propaganda para comunicar poder y dominio. Así, la arquitectura tendía a ser formidable y grande, y las escenas de los reyes representaban su ascendencia.

[i] Foster, *The Age of Agade*, 14-16.

Capítulo 9: Gobernantes famosos

A menudo pensamos en los cuatro primeros reyes acadios como brillantes militares que invadieron y conquistaron numerosos reinos y aplastaron insurrecciones. Pero cuando estos hombres no estaban en campañas militares, ¿qué lograron? ¿Qué cualidades de liderazgo mostraban? ¿Cuáles eran sus puntos fuertes y débiles?

¿Qué sabemos de Sargón aparte de sus conquistas? ¿Es la *Leyenda de Sargón* simplemente un relato ficticio del hombre que apareció de la nada? Examinar la extraordinaria vida de Sargón, sus hazañas militares y la fundación del Imperio acadio es como intentar encajar las piezas de un rompecabezas solo para descubrir que proceden de múltiples cajas. Los relatos tienden a ser poco claros y poco fiables. Disponemos de una supuesta autobiografía, pero incluso si Sargón la escribió él mismo, este hombre estaba obsesionado con establecer su identidad y legitimidad.

Sargón estaba consumido por demostrar su derecho a gobernar. No tenía linaje real o al menos ninguno que pudiera probar. Se desconocía quiénes eran sus padres. Fue llamado el hijo del jardinero en la *Lista Real Sumeria*, pero él dijo que nunca conoció a su padre biológico en su supuesta autobiografía. Su madre pudo haber sido una sacerdotisa de la diosa Inanna, pero lo abandonó en el río. Creció en circunstancias humildes, y de repente recibió el honorable cargo de copero del rey. En pocas semanas, por instinto de conservación, expulsó al rey y usurpó su trono.

Sargón afirmó enérgicamente su derecho a la realeza, no por su filiación, sino por el patrocinio de los dioses. En Sumeria, reclamó el favor de la diosa Inanna y el apoyo del dios Enlil. Enlil formaba parte de la tríada sumeria de dioses principales, y se creía que otorgaba la realeza a quien él elegía. Un rey no era legítimo sin su aprobación. Los reyes viajaban a su templo de Nippur en busca de legitimidad, y él llevaba abundantes ofrendas. Tras conquistar las ciudades de Sumer, Sargón escribió esta inscripción:

> «Sargón, rey de Agadé, emisario de Ishtar, rey del mundo, asistente de Anu, señor de la tierra, gobernador de Enlil, salió victorioso de Uruk en la batalla y conquistó a cincuenta gobernadores con la maza de Ilaba y destruyó sus murallas y capturó a Lugalzagesi, rey de Uruk, y lo llevó a la puerta de Enlil en un cepo de cuello.
>
> Sargón, rey de Agadé, salió victorioso de Ur en la batalla, conquistó la ciudad y destruyó sus murallas.
>
> Conquistó Eninmar y destruyó sus murallas y conquistó su tierra y Lagash hasta el mar. Lavó sus armas en el mar.
>
> Salió victorioso de la Umma en la batalla y conquistó la ciudad y destruyó sus murallas.
>
> Enlil no dio rival a Sargón, rey de la tierra. En efecto, Enlil le dio el mar superior y el mar inferior».
>
> — *Inscripción de Sargón*, copia babilónica antigua de Nippur[i].

Al lavar sus armas en el mar, Sargón simbolizaba su supremacía sobre el «mar inferior», el golfo Pérsico. El «mar superior» era el Mediterráneo. Sargón presumió de treinta y cuatro campañas militares exitosas en sus numerosas inscripciones. Un documento útil que describe la extensión de su dominio es la *Geografía de Sargón*, probablemente escrita por un escriba babilonio en el I milenio a. e. c. basándose en textos del III milenio. Parece ser una recopilación de varios textos antiguos, ya que el autor ofrece relatos que no siempre coinciden.

La *Geografía de* Sargón revela una faceta diferente de Sargón: un hombre sistemático y ordenado, que calculaba cuidadosamente las medidas de los territorios conquistados y definía sus fronteras. Por ejemplo, documentó las fronteras de una tierra como extendiéndose

---

[i] Foster, *Age of Agade*, 321-22.

desde «el puente de Baza en el borde del camino a la tierra Meluhha a la montaña de cedro: la tierra Khana». La *Geografía de Sargón* da dos ubicaciones para la tierra de Acad.

1. «De Hizzat a Abul-Adad: la tierra de Acad».

2. «De Damru a Sippar: la tierra de Acad»[i].

Aparentemente, estas dos ubicaciones nombradas de la tierra Acad con diferentes puntos de referencia para sus fronteras, proceden de dos documentos originales citados por el autor/editor de la *Geografía de Sargón*. La ubicación de Hizzat es desconocida. Abul-Adad, o «Puerta de Adad», era el nombre de una de las puertas de la ciudad de Babilonia (Adad era una deidad mesopotámica). Sabemos dónde estaba Sippar: en el Éufrates, en el centro de Mesopotamia, al norte de Babilonia y Kish, y cerca de la actual Bagdad. La ubicación de Damru es un misterio. Pero parece que tenemos dos puntos que definen lo que podría ser la frontera occidental de la tierra de Acad (que incluiría la ciudad de Agadé).

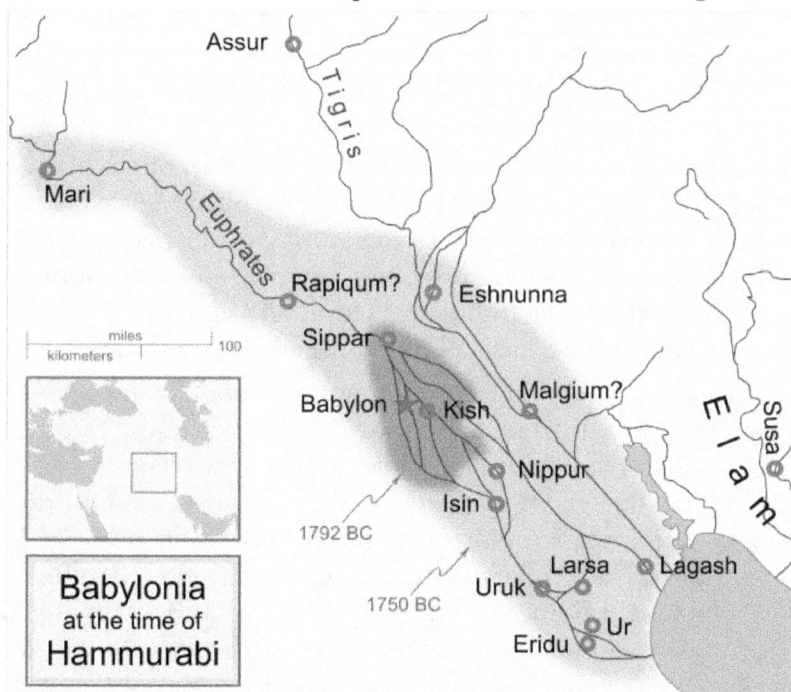

Según la *Geografía de Sargón*, Sippar y Babilonia, ambas en el Éufrates, podrían ser las fronteras orientales de la región de Acad [39]

---

[i] A. K. Grayson, "The Empire of Sargon of Akkad", *Archiv Für Orientforschung* 25 (1974): 56-64. http://www.jstor.org/stable/41636304.

Sargón colocó gobernadores acadios en sus tierras conquistadas y Agadé se hizo fabulosamente rica gracias al comercio con todos los territorios sometidos. Era lo suficientemente rico como para alimentar a su ejército permanente de 5.400 hombres. Gobernó un vasto imperio desde el «mar superior» (el Mediterráneo) hasta el «mar inferior» (el golfo Pérsico). Erigió múltiples autoimágenes desde Canaán hasta Siria y decoró sus templos y palacios con el botín de sus tierras conquistadas.

¿Fue Sargón de Acad el Nemrod bíblico? La Torá habla del descendiente de Noé que estableció su dominio sobre Shinar (Sumer) y luego se expandió hasta Assur, en el norte de Mesopotamia:

> «Cus fue el padre de Nemrod, que se convirtió en el primer guerrero poderoso de la tierra. Fue un poderoso cazador ante el Señor; por eso se dice: "Como Nemrod, un poderoso cazador ante el Señor". Los primeros centros de su reino fueron Babilonia, Uruk, Acad y Kalneh, en la tierra de Sinar [Sumer]. De esa tierra pasó a Asiria [Assur], donde construyó Nínive, Rehobot Ir, Calah y Resen, que está entre Nínive y Calah, que es la gran ciudad» (Génesis 10:8-12).

El relato bíblico sí parece seguir la trayectoria de las conquistas de Sargón. Comenzó en el norte de Sumer (Mesopotamia central), conquistando Uruk y estableciendo o desarrollando las ciudades de Acad (Agadé) y Babilonia hasta convertirlas en ciudades prestigiosas. Una tablilla que data del reinado de Sargón lo describe poniendo los cimientos de templos en Babilonia. Desde el centro de Mesopotamia, continuó expandiéndose hacia el norte, hacia el territorio asirio.

Pero si fuera hijo de Cus, el momento no sería el adecuado. Cus era nieto de Noé, por lo que habría vivido mucho antes. Sin embargo, Nemrod no figura entre los cinco hijos de Cus en Génesis 10:7, por lo que Cus debió de ser el «padre» de Nemrod en el sentido de ser su antepasado remoto. El nombre «Nemrod» no es un nombre hebreo; puede proceder del babilónico *Namra-uddu*, que significa «dios-estrella». Incluso podría ser un apodo peyorativo. Un significado alternativo de Nemrod (el hebreo צַיִד o *tsayid*), puede llevar el significado de «matarife» con un cognado de la palabra ugarítica del norte de Siria *dbḥ*. No tenemos relatos de que Sargón fuera un cazador

---

' Douglas Petrovich, "Identifying Nimrod of Genesis 10 with Sargon of Akkad by Exegetical and Archaeological Means", *Journal of the Evangelical Theological Society* 56, nro. 2 (2013): 273-305. https://www.etsjets.org/files/JETS-PDFs/56/56-2/JETS_56_2_273-305_Petrovich.pdf

prolífico, aunque ciertamente podría haberlo sido. Naram-Sin habló de una cacería de toros salvajes. Pero Sargón fue, sin duda, un gran matarife de hombres.

Antiguas inscripciones en tablillas cuneiformes proporcionan dos partes de la «autobiografía» de Sargón. La *Leyenda de Sargón* cuenta cómo su madre lo abandonó en el río y un hombre llamado Akki —un regador o extractor de agua— lo encontró y lo educó para ser jardinero. El arqueólogo Austen Layard descubrió dos copias parciales de esta historia en tres fragmentos de tablillas de arcilla en Nínive en 1867 e. c., en la Biblioteca de Asurbanipal. Más de dos décadas después, el asiriólogo aficionado George Smith encontró un cuarto fragmento en Nínive, que ayudó a completar la segunda parte de la historia.

Smith creía que estas tablillas eran copias de una inscripción mucho más antigua que se remontaba a la época de Sargón. Sin embargo, no se han encontrado tablillas de la historia que daten del periodo acadio y ni siquiera del milenio siguiente. Por supuesto, la ciudad de Agadé de Sargón, donde probablemente estarían dichas tablillas, sigue oculta bajo la arena. Muchos eruditos creen que la leyenda fue escrita en tiempos de Sargón II del Imperio neoasirio, que reinó del 722 al 705 a. e. c. Los asirios admiraban a Sargón I de Acad como antiguo héroe y rey ejemplar; por ello, Sargón II tomó su nombre de trono del antiguo rey.

La historia del nacimiento de Sargón (tal como se relata en el capítulo 3) dice que su madre cubrió una cesta con betún, luego puso al bebé Sargón en ella y lo hizo flotar río abajo. Los eruditos señalan a menudo cómo esta historia se repite más tarde en la historia del nacimiento del Moisés bíblico, cuya madre también cubrió una cesta con betún y lo hizo flotar río abajo. Pero, ¿qué historia fue la primera? Si la historia de Sargón fue una pseudoautobiografía escrita durante el Imperio neoasirio, la historia de Moisés, registrada en la Torá (Éxodo 1 y 2) hacia 1446 a. e. c., sería anterior a la historia de Sargón en siglos.

Si la historia del nacimiento de Sargón se escribió en la época neoasiria, habría sido cerca de la época de la fundación de Roma, que contiene otra historia de una cesta en el río. La leyenda del fundador de Roma, Rómulo, dice que su madre —una virgen vestal— dio a luz a gemelos. Su malvado tío, que había usurpado el trono de su padre, ordenó a su sirviente que matara a los bebés. En lugar de eso, el criado metió a Rómulo y Remo en una cesta, que navegó río abajo hasta ser encontrada por una loba. Veinte años después, hacia el 753 a. e. c., Rómulo fundó Roma.

La historia del nacimiento de Sargón contiene varias incoherencias. ¿Cómo iba a saber Sargón que su madre era sacerdotisa y que lo había metido en una cesta? ¿Cómo supo de dónde venía si no fue río arriba desde donde lo encontró Akki el jardinero? ¿Cómo sabía que los hermanos de su padre «amaban las colinas»? A menos que se reuniera más tarde con su familia biológica, lo que podría ser posible, no sabría nada más, aparte de que su padre adoptivo lo encontró en una cesta en el río.

En el caso de Moisés, su hermana siguió la cesta río abajo hasta que la princesa egipcia la encontró. Moisés permaneció en contacto con su familia biológica. Rómulo y Remo se reunieron más tarde con su abuelo, sumaron dos más dos y averiguaron su identidad. Pero Sargón nunca menciona el reencuentro con su familia biológica ni cómo conoció estos detalles. Ni siquiera explica por qué su madre tuvo que dar a luz en secreto y abandonarlo. Si Sargón fue el autor real, ¿intentaba establecer la legitimidad de un nacimiento ilegítimo? Su historia parece engendrar más preguntas que respuestas.

El único elemento de la historia confirmado por la *Lista Real Sumeria* es que su padre era jardinero. Varias copias de la *Lista Real Sumeria* han sobrevivido hasta nuestros días; al menos el escriba de una tablilla la firmó y fechó al rey Utukhegal de Uruk, lo que la sitúa en torno al año 2125 a. e. c., menos de tres décadas después del colapso del Imperio acadio. Incluso si la *Leyenda de Sargón* fuera una historia ficticia escrita más de mil años después, Sargón definitivamente se abrió camino hasta la cima desde humildes comienzos. Además, La *Leyenda de Sargón* concuerda con la segunda historia, la «Leyenda sumeria de Sargón», que cuenta cómo Sargón ascendió de jardinero a copero y luego a rey.

También conocida como la tablilla de Sargón y Ur-Zababa, la «Leyenda sumeria de Sargón» es una biografía de Sargón de Acad (compartida en el capítulo 3). La *Lista Real Sumeria* confirma varios elementos de la historia. Sargón era hijo de un jardinero y se convirtió en copero del rey. Ascendió a la «realeza» de Sumer al derrotar a Uruk. La *Crónica de Weidner*, escrita varios siglos después de la caída del Imperio acadio, también menciona a Sargón como copero del rey Ur-Zababa. Las inscripciones de los monumentos de Sargón registran su interacción con el rey Lugalzagesi de Uruk. Otros registros históricos confirman los elementos esenciales de la historia.

Se han encontrado dos manuscritos distintos de la historia: un fragmento de la historia en Uruk y una tablilla de arcilla de Nippur casi completa. Curiosamente, la «Leyenda sumeria de Sargón» está en lengua sumeria, que se estaba extinguiendo a finales del Imperio acadio. El uso del sumerio sugiere que fue escrita durante el Imperio acadio o poco después. Sargón pudo o no haber flotado río abajo como un bebé en una cesta, pero casi con toda seguridad fue ascendido de jardinero a copero y luego usurpó el trono de Kish.

¿Qué hay de los sucesores de Sargón? ¿Qué sabemos de sus cualidades y logros no militares? El hijo de Sargón, Rimush, que le sucedió, parecía excepcionalmente orgulloso. Rimush se llamaba a sí mismo «rey del mundo» incluso cuando sabía que partes del mundo, como Egipto y la India, no estaban claramente bajo su dominio.

Conocido por su sanguinaria matanza de una gran franja de la población insurgente del sur de Sumer, Rimush registraba diligentemente el número de personas que mataba, esclavizaba o metía en «campos». En aquella época, el estaño era un metal escaso en Mesopotamia y las regiones circundantes. Pero el orgulloso Rimush hizo fabricar una estatua de sí mismo en estaño, que colocó frente al ídolo de Enlil. Luego se contó a sí mismo entre los dioses en su inscripción. A pesar de encontrarse en la plenitud de su vida, Rimush pareció decaer en los últimos años de su reinado, con escasas inscripciones alabando sus logros. Después de nueve años, sus cortesanos pusieron fin a su reinado, matándolo con sus sellos cilíndricos.

Estos fragmentos de la estela de la Victoria de Rimush pueden representar la derrota de Lagash[40]

Aunque en un principio fue descartado para el trono, Manishtushu asumió el reinado del Imperio acadio tras el asesinato de su hermano Rimush. ¿Estuvo Manishtushu implicado en el asesinato de su hermano? No tenemos pruebas de que lo estuviera, pero sin duda salió beneficiado. Manishtushu era un militar astuto, que expandió aún más las fronteras del imperio, pero también poseía astutas habilidades diplomáticas. Estas parecían ayudarlo a mantener el orden en Sumer y en otras tierras conquistadas, ya que no tenemos constancia de los levantamientos sumerios coordinados que perturbaron los reinados de su padre, su hermano y su hijo.

Manishtushu era concienzudo a la hora de honrar a los dioses sumerios, lo que puede haber formado parte de su estrategia diplomática. Por toda Sumer y Acad colocó estatuas duplicadas de diorita negra, en las que aparecía de pie con las manos entrelazadas reverentemente. Parecía apuntar especialmente a las «ciudades natales» de los dioses más poderosos, como Enlil en Nippur y Anu en Uruk. Manishtushu también se centró en deidades astrales asociadas con el sol, la luna, los planetas y las estrellas, como el dios del sol Shamash en Sippar y el dios de la luna Sin (o Nanna) en Ur. Por supuesto, Inanna (Ishtar), la diosa patrona de su padre Sargón, era muy honrada en Agadé.

La colocación de estas estatuas en ciudades sumerias clave parecía ser una forma de apaciguar a los ciudadanos después de que su hermano y su padre hubieran aplastado despiadadamente sus rebeliones y diezmado sus poblaciones. Las figuras de Manishtushu no alababan tanto sus logros como honraban a los diversos dioses de las ciudades, declarando su lealtad a ellos y reconociendo que solo tenía el poder de gobernar las ciudades a través de la bendición de los dioses protectores[i]. Por desgracia, solo han llegado hasta nuestros días fragmentos de estas estatuas.

---

[i] Melissa Eppihimer, "Assembling King and State: The Statues of Manishtushu and the Consolidation of Akkadian Kingship". *American Journal of Archaeology* 114, nro. 3 (2010): 365–80. http://www.jstor.org/stable/25684286.

Esta estatua de diorita negra de Manishtushu, a la que le falta la parte superior del cuerpo, lo muestra con las manos juntas en señal de adoración[11]

Después de que Manishtushu sufriera el mismo destino que su hermano —asesinado por sus cortesanos—, su hijo Naram-Sin recibió la corona. Junto con magníficos triunfos militares, Naram-Sin revisó y estandarizó la escritura cuneiforme utilizada para escribir la lengua acadia. En lugar de leer y escribir una tablilla a lo largo, se le daba la vuelta, como leemos una página hoy en día. Se mejoró la ortografía, por lo que las palabras eran más fáciles de leer y escribir. Incluso cuando los sumerios siguieron escribiendo en su propia lengua, utilizaron la escritura cuneiforme revisada.

Al igual que su padre y su abuelo, Naram-Sin logró un éxito asombroso en la conquista y expansión del imperio. Sin embargo, Naram-Sin no parecía poseer la modestia y la diplomacia de su padre con los territorios conquistados. Esto probablemente condujo a la Gran Revuelta que se vio obligado a sofocar. Su éxito al derrotar a los lullubis y a otros pueblos lo llevó a autoproclamarse dios. Los sumerios señalaron su orgullo y falta de piedad como la razón del colapso del imperio.

Capítulo 10: Mitos y religión

¿Qué tipo de religión seguían los acadios? Como la mayoría de las civilizaciones, la cultura acadia incluía un concepto de un mundo que trascendía el ámbito terrenal tangible, humano. Tenían una idea definida de las fuerzas sobrenaturales similar, aunque distinta, a la religión sumeria. Los templos, rituales, oraciones e himnos acadios eran intrínsecos a sus vidas y reflejaban su visión del mundo. Eran politeístas, creían en múltiples dioses, pero pensaban que ciertos dioses estaban más implicados en sus vidas.

Antes del surgimiento del Imperio acadio, el pueblo acadio vivió en Mesopotamia durante siglos. Aunque tenían una creencia distinta en un dios todopoderoso, supremo y personal, que compartían con otros semitas, asimilaron gran parte de la cultura sumeria. Para cuando Sargón se convirtió en rey, adoraban a las deidades sumerias y seguían su religión, mitología, ritos y cosmología. Sin embargo, los acadios incluyeron sus propias innovaciones y variaciones locales.

Los antiguos mesopotámicos creían que el mundo sobrenatural estaba compuesto por dioses y un vasto surtido de seres suprahumanos («por encima» del ser humano) con poderes que excedían las capacidades humanas. Entre ellos se incluían demonios, fantasmas, espíritus protectores, sabios primordiales semidivinos y brujas. Los humanos podían comunicarse con estos seres suprahumanos mediante discursos rituales. Tanto los dioses como los seres suprahumanos podían ser benévolos o malévolos con los humanos[i]. Por lo general, la misma deidad o ser suprahumano podía ser una combinación de bondad y crueldad, ¡incluso hacia el mismo humano! Lo vemos claramente en las oraciones a la diosa Inanna y en los relatos sobre ella.

Aunque los sumerios y los acadios adoraban a muchos de los mismos dioses, a veces sus conceptos de los dioses individuales diferían. Los acadios también tenían varios dioses que no eran adorados en Sumeria. Un ejemplo es «Il», «El» o «Ilum», el dios supremo de los semitas del norte de Mesopotamia con el que se podía tener una relación personal. Los semitas creían que Il vivía en el cielo, pero los sumerios creían que el propio cielo era el dios An, que estaba distante y remoto y al que había que acercarse a través de otro dios. Los acadios sincretizaron a Ilum y An en un solo dios —Anum (o Anu)— y lo convirtieron en el jefe de su panteón[ii].

El concepto politeísta acadio era que había miles y miles de dioses, igual que había miles de humanos, y cada uno era diferente. Algunos tenían un rango superior a otros, y todos tenían funciones específicas. Los acadios eran flexibles con sus dioses,

Esta estatuilla chapada en oro de la Edad de Bronce Tardía representa a El (Il), el dios creador supremo semítico [42]

ya que aceptaban fácilmente en su panteón a otros nuevos procedentes de los sumerios o de otras civilizaciones.

---

[i] Alan Lenzi, ed., *Reading Akkadian Prayers and Hymns: An Introduction*, (Atlanta: Sociedad de Literatura Bíblica, 2011), 9-10.

[ii] Foster, *The Age of Agade*, 135-138.

Los acadios tenían tres dioses principales del cielo. Shamash (Utu sumerio), el dios del sol, era el juez que todo lo veía y no se podía engañar. Su hermano Sin (Nanna sumeria), el dios de la luna, era un misterioso dios de la adivinación y las decisiones. Los acadios introdujeron en Mesopotamia la espantosa práctica de abrir en canal a los corderos y otros animales sacrificados para leer los presagios que Sin había escrito en sus entrañas. Sargón instaló a su hija Enheduanna como gran sacerdotisa de Sin (Nanna para los sumerios) en Ur. La tercera deidad celeste de los acadios era Ishtar, diosa de la estrella de la mañana y de la tarde, que se mezcló con la diosa sumeria Inanna. Era la diosa de la guerra, pero también la diosa del amor familiar.

Shamash, el dios del sol, era una deidad principal tanto para los sumerios como para los acadios. En el arte acadio, el tamaño denotaba estatus. Los dioses se representaban a menudo varias veces más grandes que los hombres, los reyes eran más grandes que sus dignatarios y los sirvientes tenían aproximadamente la mitad del tamaño de sus amos [43]

La diosa madre de los acadios y sumerios era Mama o Mami, y vigilaba los partos y curaba las enfermedades. Ea (el Enki sumerio) era el dios del agua dulce, una deidad importante en una tierra mayoritariamente desértica o semiárida. Ea era el dios que solucionaba problemas y, en todas las culturas mesopotámicas, fue el dios que salvó a los humanos de la ira de los dioses durante el Gran Diluvio. Addu o Adad (sumerio Iškur) era el dios de la tormenta; en su estado benévolo, traía la lluvia que daba vida. En su faceta malévola, traía feroces tormentas e inundaciones.

Algunos dioses introducidos por los acadios y los mesopotámicos del norte que no formaban parte del panteón sumerio incluían a Bel y Dagan (Dagón). Una deidad llamada Ilaba parecía ser específica de Agadé y desapareció tras el fin del Imperio acadio. La palabra acadia *Bēlu* o Bel y la semítica noroccidental *Baal* significaban todas «Señor» y no se referían necesariamente a la misma deidad. Los babilonios utilizaban Bel como título del dios patrón de su ciudad, Marduk. Los cananeos adoraban a Baal como dios de la lluvia y la fertilidad, y los fenicios asociaban a Baal con El (Ilum) o Dagan. Dagan era el padre sirio de los dioses, el señor de la tierra y de la prosperidad. Al igual que el sumerio Enlil, concedía la realeza; así, Sargón se inclinaba ante él antes de hacer campaña en el Levante (Siria, Líbano y Canaán).

Sargón estableció el culto a Ilaba, «dios de los padres», dios de la guerra y esposo de Ishtar (al menos uno de ellos). Dios importante para los acadios, Ilaba portaba una maza que había recibido de Enlil. Según una inscripción de Sargón, «El dios Ilaba, poderoso de los dioses, el dios Enlil le dio su arma». Otra inscripción se refería a Ilaba como el «dios personal» de Sargón. ¿Qué era un dios personal? Este dios era importante en la vida cotidiana de una persona, ya que cuidaba de ella. Si el dios personal de alguien lo abandonaba, estaba sujeto a terribles calamidades. Un dios personal acompañaba a una persona en la otra vida, y una inscripción de Rimush prescribía la maldición de *no* presentarse ante el dios personal de uno después de la muerte[i].

Ilaba parecía ser un dios familiar para la dinastía sargónica, que se transmitía de padres a hijos. Una interpretación de su nombre es una combinación de *Il* o *Ilum* (el dios supremo semítico) con *abum* (padre), lo que lo convierte en el «dios de los padres» o un dios ancestral. Todos los descendientes de Sargón mencionaron a Ilaba en sus inscripciones. Tras derrotar una región a lo largo del río Éufrates, Naram-Sin dio crédito a Dagan por la victoria, pero ordenó que el pueblo conquistado

---

[i] Stefan Nowicki, "Sargon of Akkade and His God: Comments on the Worship of the God of the Father among the Ancient Semites", *Acta Orientalia Academiae Scientiarum Hungaricae* 69, nro. 1 (2016): 63-69. http://www.jstor.org/stable/43957458.

adorara a «su dios», Ilaba. Naram-Sin parecía estar preparando el escenario para la elevación de Ilaba de un dios familiar aparte del panteón de dioses acadios. Su hijo Sharkalisharri construyó un templo para Ilaba en Babilonia. Esta fue la primera mención de que Ilaba tuviera un templo, lo que indica que ahora formaba parte del panteón oficial[i].

Las oraciones acadias no consistían únicamente en peticiones y ruegos a los dioses. Normalmente, la mayoría de las oraciones —y desde luego los himnos— consistían más en alabar a las deidades, enumerar sus acciones benévolas y hablar de su carácter y poder. Esta alabanza que primaba en la oración era el protocolo social para un inferior que acudía a la presencia de un superior. Incluso las oraciones de petición comenzaban con una adoración abyecta, y la petición solía añadirse al final en solo una o dos líneas. Sin embargo, las quejas sobre algún problema podían insertarse en algún punto intermedio[ii].

Nergal era el esposo de Ereshkigal y el dios del inframundo "

---

[i] Nowicki, "Sargon of Akkade and His God", 69-71.

[ii] Lenzi, *Reading Akkadian Prayers*, 12-13.

Esta oración al dios Nergal, que era el dios de la muerte y del inframundo, es un ejemplo clásico de invocación cortés y alabanza al dios. Incluye una descripción del problema, pide al dios que perdone el pecado y ayude con el asunto, y promete honor cuando el dios responda favorablemente:

«Poderoso señor, exaltado hijo de Nunamnir,
principal entre los Anunnakki, señor de la batalla,
descendiente de Kutushar, la gran reina, Nergal,
todopoderoso entre los dioses, amado de Ninmenna.
Te manifiestas en los cielos brillantes; tu estación es exaltada.
Eres grande en los bajos fondos; no tienes rival.
Junto con Ea, tu consejo es preeminente en la asamblea de los dioses.
Junto con Sin, observas todo lo que hay en los cielos.
Enlil, tu padre, te dio los de cabeza negra, todos los seres vivos, [y]
los rebaños, las criaturas, en tus manos los confió.
Yo, fulano de tal, hijo de fulano de tal, tu servidor:
La ira de dios y de la diosa me ha acosado para que
gastos y pérdidas recaigan sobre mi patrimonio [y]
dar órdenes, pero no ser escuchado me mantiene despierto.
Porque eres indulgente, mi señor, me he vuelto hacia tu divinidad,
porque eres compasivo, te he buscado,
porque eres misericordioso, me he presentado ante ti,
porque tienes una inclinación favorable, he contemplado tu rostro.
Mírame favorablemente y escucha mi súplica,
que tu corazón furioso se calme hacia mí,
perdona mi crimen, mi pecado y mi fechoría,
que la indignación de su gran divinidad... se apacigüe por mí,
que el dios y la diosa ofendidos, enfadados e iracundos se reconcilien conmigo.
Entonces contaré tus maravillas y cantaré tus alabanzas»[i].

---

[i] Lenzi, *Reading Akkadian Prayers*, 339-348.

Los acadios hablaban con frecuencia a sus dioses como si fueran miembros de su familia, llamándolos padre, hermano o antepasado. En lugar de implorar a sus deidades basándose en sus poderes sobrenaturales, hablaban a y de ellas en términos más humanos, como «protector», «defensor», «sabio» o «mi reina». Los acadios rezaban a sus deidades sobre cualquier predicamento o problema, ¡incluso sobre la impotencia! Curiosamente, en las oraciones relativas a enfermedades o problemas físicos, los acadios se referían a sus cuerpos como sus «templos», de forma similar a las enseñanzas de san Pablo en el Nuevo Testamento.

Los mesopotámicos tenían un tipo de oración y ritual que llamaban *šà-zi-ga* en sumerio y *nīš libbi* en acadio. Era algo así como un conjuro contra el mal o la enfermedad; no era realmente una plegaria a una divinidad, aunque podían invocar a una criatura suprahumana. O bien se pedía ayuda a uno benévolo o se ordenaba a uno maligno que se marchara. Cuando pronunciaban *nīš libbi*, los acadios decían «šiptu ul yuttun», o «este conjuro no son mis palabras», lo que significaba que era alguna deidad la que hablaba a través de ellos[i].

Para los acadios y los mesopotámicos en general, el culto incluía mucho más que cantar o entonar himnos y oraciones. Las acciones corporales eran intrínsecas, como arrodillarse, postrarse boca abajo en el suelo, levantar ambas manos por encima de la cabeza, juntar las manos a la altura de la cintura o del pecho, o mantener la mano en una especie de saludo delante de la cara. Si estaban en un templo, miraban de frente a la imagen o ídolo de culto. Si estaban en casa o en otro lugar de la ciudad, se volvían hacia el templo del dios al que rezaban; los templos solían sobresalir por encima de las casas y otros edificios, por lo que podían verse desde lejos. El culto también incluía acciones como levantar altares y ofrecer sacrificios.

Ningún mito acadio registrado ha sobrevivido hasta nuestros días, o al menos aún no han sido desenterrados[ii]. Sin embargo, un macabro mito babilónico de la creación —el *Enuma Elish*— podría remontarse a la época acadia, cuando se construyó Babilonia. Sargón estableció Babilonia «frente a Acad», según la *Crónica de Weidner*. Las inscripciones acadias mencionan que Sharkalisharri puso los cimientos

---

[i] Lenzi, *Reading Akkadian Prayers*, 14-20.

[ii] Foster, *The Age of Agade*, 211.

de los templos babilónicos, y un documento acadio especificaba Babilonia como frontera de la tierra de Acad. En la actualidad existen múltiples tablillas cuneiformes con el *Enuma Elish*, que datan de alrededor del año 1200. Sin embargo, los escribas que escribieron las tablillas señalaron que estaban copiando una historia de tablillas más antiguas escritas siglos antes. La primera parte del mito también es paralela al relato sumerio del diluvio, el *Génesis de Eridu*.

La historia comienza antes de la creación de los cielos y la tierra, cuando nada existía, salvo Apsu (agua dulce) y Tiamat (agua de mar) arremolinándose en el caos. Apsu y Tiamat crearon a los dioses mezclando sus aguas. Se arrepintieron inmediatamente de su creación cuando los jóvenes dioses resultaron ser molestamente ruidosos. Los bailes y juegos de los jóvenes mantuvieron despiertos a Apsu y Tiamat todas las noches. No tenían paz.

Apsu y Tiamat se reunieron para discutir la situación, y Apsu juró que mataría a los dioses para que pudieran tener algo de paz. «¡No! —gritó Tiamat—. ¡No podemos matar lo que hemos creado!». Pero Apsu estaba decidido. Cuando los jóvenes dioses oyeron que su padre planeaba matarlos, sus rodillas cedieron y se derrumbaron, aullando de horror. El dios Ea (Enki) estaba decidido a detener a su padre. Realizó un conjuro, sumió a su padre en un profundo sueño, mató a Apsu y construyó su casa en el cuerpo de Apsu. La esposa de Ea dio a luz a su hijo Bel (Marduk para los babilonios) en su nueva casa. Era un niño hermoso con cuatro orejas, cuatro ojos y fuego que salía de su boca.

Bel mató a Tiamat y derrotó a sus demonios en este bajorrelieve de Nínive [45]

Tiamat estaba decidida a vengar la muerte de Apsu, aunque eso significara matar a sus hijos. Del caos, formó once horribles demonios y los envió a masacrar a sus vástagos. Ea intentó vencer a Tiamat con hechizos mágicos, pero era demasiado poderosa. El dios Anu intentó apaciguarla, pero fracasó. El resto de los dioses temían demasiado a Tiamat como para hacer nada. Pero entonces Bel salió a enfrentarse a Tiamat. Hizo estallar un ciclón en su boca, la empaló con su lanza y le rompió el cráneo. Luego venció a los demonios y los aplastó bajo sus pies.

Al igual que su padre, Ea había creado un hogar a partir del cuerpo de Apsu, Bel decidió crear uno a partir del cuerpo de Tiamat. Fileteó su cuerpo como un pez, y una mitad se convirtió en el cielo y la otra en la tierra. Asignó a todos los dioses sus funciones en el universo. Los dioses estaban extasiados de que Apsu y Tiamat hubieran muerto y de que estuvieran a salvo. Decidieron matar al nuevo marido de Tiamat, Qingu, porque había animado a Tiamat a matarlos. Los dioses crearon a los humanos a partir de la sangre de Qingu para que cultivaran alimentos y cuidaran del mundo, de modo que los dioses pudieran dedicar su atención a luchar contra el caos. Los dioses celebraron su obra terminada, sentándose a un espléndido banquete y repartiéndose jarras de cerveza.

La dinastía de Dunnum, también conocida como el *Mito de Harab*, fue encontrada en Sippar en una única tablilla de arcilla, que estaba escrita en lengua acadia. La tablilla en sí data del periodo babilónico tardío; sin embargo, su colofón (firma y notas del escriba) dice que copió tablillas cotejadas de Asur y Babilonia. El mito narra las sucesivas generaciones de dioses que obtuvieron el poder matando a sus padres. El parricidio recuerda al de Ea matando a su padre Apsu en el *Enuma Elish*, salvo que en lugar de matar a sus madres, ¡se casaron con ellas! La historia puede haber dado origen a la tragedia de Sófocles *Edipo rey* hacia el año 429 a. e. c.

El mito comienza con Harab (o Ha'in) —el arado— casándose con la Tierra y creando a Mar en los surcos que araron. Esta pareja dio a luz a Sakkan (Sumuqan), el dios de las criaturas cuadrúpedas. La Tierra se enamoró de su hijo y le llamó: «¡Ven aquí! Quiero amarte». Entonces, Sakkan mató a su padre y se casó con su madre. También se casó con su hermana, Mar, que mató a su madre, Tierra. Entonces Ewe, el hijo de Sakkan, lo mató y se casó con su madre, Mar, que dio a luz a Río. Ewe también se casó con su hermana U-a-a-am. La historia continúa durante

varias generaciones de matrimonios incestuosos y padres asesinados[i].
¡Imagínese intentar trazar un árbol genealógico!

Este bajorrelieve de la reina de la Noche puede representar a Ereshkigal, la diosa del inframundo[46]

Una tercera historia es el mito de Nergal y Ereshkigal. Los arqueólogos descubrieron por primera vez el mito épico acadio en una tablilla del periodo medio babilónico, pero luego el arqueólogo inglés O. R. Gurney lo identificó en una tablilla asiria. Ereshkigal era la reina del inframundo y hermana de Ishtar, y era una diosa sumeria de la antigüedad, anterior al Imperio acadio. Nergal era un dios del norte y centro de Mesopotamia de los acadios, babilonios y asirios a partir de la época acadia.

---

[i] Marten Stol, ed., *The Theology of Dunnum.*

Al principio de la historia, los dioses estaban planeando un festín y querían dar la bienvenida a su hermana Ereshkigal, pero las leyes del universo le prohibían acercarse a ellos, aunque podían enviarles mensajes. Anu envió un mensaje a Ereshkigal, invitándola a que enviara a su mensajera para que recogiera la comida del festín y se la llevara. Entonces, su mensajero Namtar abandonó el inframundo y subió las escaleras hacia el cielo, pero, una vez allí, se enfadó con el dios Nergal. Namtar informó a su señora del comportamiento ofensivo de Nergal. Ea ordenó a Nergal que fuera al inframundo para disculparse, pero le advirtió que no recibiera la hospitalidad de Ereshkigal mientras estuviera allí.

Nergal descendió al inframundo para disculparse, pero se enamoró de la bella Ereshkigal. Durmió con ella durante siete noches y luego regresó al cielo. Ereshkigal envió un mensaje al cielo, suplicando que Nergal volviera a ella como su esposo. Sin embargo, los dioses habían transformado a Nergal en una criatura horrible para disfrazarlo de Namtar, el mensajero. Cuando Namtar informó a Ereshkigal, esta se dio cuenta de lo que habían hecho los dioses y amenazó con abrir las puertas del inframundo y liberar a los espíritus muertos para que inundaran la tierra si los dioses no le devolvían a Nergal.

Nergal llegó al inframundo, se acercó a Ereshkigal y la agarró por el pelo. La arrojó de su trono; presumiblemente, se trataba de unos rudos juegos preliminares como preludio de otro largo periodo de hacer el amor. Anu permitió entonces que Nergal permaneciera como esposo de Ereshkigal y rey del inframundo. Nergal y Ereshkigal llegaron a un acuerdo por el que él permanecía con ella seis meses al año y regresaba al cielo los otros seis meses.

Aunque los acadios asimilaron la cultura y la religión de los sumerios, también conservaron algunos de sus dioses anteriores. La teología acadia difería de la sumeria, incluso cuando adoraban a los mismos dioses. Los sumerios creían que toda fortuna y calamidad provenía de los dioses; los acadios humanistas creían que las acciones de uno determinaban su vida, aunque los dioses podían guiarlas. La cosmología acadia les dio «permiso» para invadir las ciudades-estado sumerias (y otras regiones) porque creían que reflejaban el orden del cielo al reunir a todas las ciudades bajo un gobierno central.

---

[1] O. R. Gurney, "The Sultantepe Tablets: VII. The Myth of Nergal and Ereshkigal", *Anatolian Studies* 10 (1960): 105-06. https://doi.org/10.2307/3642431.

Conclusión

¿Cuáles fueron las aportaciones del Imperio acadio a la historia antigua y a los futuros imperios de Mesopotamia? Fue un momento decisivo en la historia de Mesopotamia, ya que las civilizaciones pasaron de ciudades-estado independientes a múltiples estados bajo un gobierno centralizado. Sargón continuó donde Lugalzagesi había empezado con la unificación de toda Sumeria, y luego reunió a toda Mesopotamia bajo un mismo sistema político. Continuó conquistando grandes extensiones del mundo conocido. Sargón y sus descendientes marcaron la pauta para los futuros imperios de Mesopotamia y de todo el mundo antiguo.

Benjamin Foster resumió el impacto del Imperio acadio como una mezcla de innovación y mantenimiento de la tradición:

> «La conquista acadia, por tanto, tendió a sustituir el gobierno basado en la comunidad y la oligarquía basada en el parentesco por la explotación centralizada de los recursos, el despotismo y la burocracia. Para lograrlo, Sargón adoptó una política de "doble filo", tanto de promoción del cambio como de vinculación selectiva con el pasado. Utilizó títulos antiguos y restauró Kish como centro del poder político durante mucho tiempo, pero fundó una nueva capital en Agadé»[1].

Considere el colosal impacto de un único aspecto de la cultura: la lengua y el sistema de escritura. La dinastía sargónica hizo del acadio —la

---

[1] Foster, *The Age of Agade*, 433.

primera lengua semítica conocida— la lengua franca hablada de toda Mesopotamia y el Levante. Una lengua común unió a las civilizaciones desde el Mediterráneo hasta el golfo Pérsico. Esta lengua unificada provocó un enorme aumento del comercio y el intercambio de técnicas artísticas, tácticas militares y conocimientos científicos y matemáticos. Durante los milenios siguientes, los dialectos babilónico y asirio de la lengua acadia continuaron siendo las lenguas oficiales del antiguo Próximo Oriente.

Los acadios también adaptaron la escritura cuneiforme sumeria a la lengua acadia, preservando el primer sistema de escritura del mundo y difundiendo una lengua escrita común. La mayor parte del medio millón o más de tablillas cuneiformes conservadas están en lengua acadia (aunque la mayoría aún no están traducidas). El sistema de escritura cuneiforme acadio continuó durante dos mil años tras el colapso del imperio. Fue modificado por los babilonios y asirios y adaptado por los hititas, elamitas, hurritas y otras civilizaciones. Influyó en los alfabetos persa antiguo y ugarítico.

Otra contribución vital de los acadios que dio forma a la antigua Mesopotamia y a sus futuros imperios fue asumir el control de los templos y sus tierras. En Sumeria, los templos eran la entidad más poderosa, ya que controlaban a los reyes, la economía y la tierra. Los acadios, de tendencia humanista, mantuvieron los templos antiguos y construyeron otros nuevos, pero ahora los reyes controlaban al sacerdocio, muchos de los cuales eran miembros de la familia real. El gobierno controlaba más tierras, distribuyendo algunas a propietarios privados.

Sargón fue el primer rey que formó un ejército permanente. En el pasado, los hombres sanos eran llamados a filas para luchar contra sus vecinos, pero tenían que regresar a casa para las temporadas de siembra y las cosechas. El primer ejército profesional podía luchar en cualquier momento y en cualquier lugar, incluso a miles de kilómetros de Agadé. Un ejército a tiempo completo podía luchar mejor, al haber tenido tiempo de perfeccionar las habilidades armamentísticas y las tácticas. Sargón y sus sucesores también reclutaron soldados de las tierras conquistadas. Esta mezcla étnica de combatientes formó un crisol de culturas sin precedentes —acadios, cananeos, elamitas, libaneses, sumerios y sirios— que luchaban codo con codo. Este modelo militar de un ejército a tiempo completo procedente de todos los rincones del imperio continuó a lo largo de la historia mesopotámica.

¿Cómo influyó el Imperio acadio en las civilizaciones de nuestro mundo? El asiriólogo danés Aage Westenholz admiraba el mestizaje de las culturas sumeria y acadia, con su intercambio y asimilación equivalentes entre el norte y el sur, sin que una civilización borrara a la otra[i]. El Imperio acadio proporcionó un modelo para que las sociedades futuras mezclaran culturas con éxito, compartiendo su forma de vida, ideas y tecnologías con otras como iguales. A medida que las culturas aprenden unas de otras, logran avances asombrosos en todos los aspectos de la vida. Las civilizaciones que aceptan la mezcla de culturas pueden adaptarse, cambiar y sobrevivir.

¿Cuál es el legado del Imperio acadio? ¿Cómo perduraron su cultura, su arte y su modelo de construcción de imperios? El arte acadio que ha llegado hasta nuestros días presenta a menudo estelas de victoria y bajorrelieves que ensalzan las conquistas de los reyes. Para la realeza acadia, el arte se utilizaba con fines propagandísticos, como la celebración del poder y la expansión divinamente ordenados[ii]. Las escenas de los relieves acadios realistas representan una narración, lo que demuestra que, desde el principio, el arte y la arquitectura se han utilizado poderosamente para manipular las emociones y transmitir un punto de vista ideológico.

Elementos de la metodología acadia de construcción de imperios han persistido a lo largo de los milenios en los imperios babilónico, asirio, romano, otomano, francés, español y británico, por nombrar solo algunos. Un componente crítico era la burocracia. La mano de obra y los recursos servían al reino más que a personas o ciudades individuales. La mejora de los sistemas de carreteras y de las rutas comerciales facilitaba los desplazamientos y los hacía más seguros. Los impuestos sostenían a los administradores burocráticos, al ejército y a la familia del rey al. Los escribas mantenían registros meticulosos de los logros, los impuestos y los asuntos cotidianos.

¿Cuál es el legado del Imperio acadio en la actualidad? Un gran número de cosas que damos por sentadas nacieron o se desarrollaron ampliamente durante la época acadia. Algunos ejemplos son la red de carreteras que conectaba Agadé con los puntos más alejados del imperio y el eficaz transporte fluvial de los ríos Éufrates y Tigris. Podemos

---

[i] Foster, *The Age of Agade*, 443-44.

[ii] Lorenzo Nigro, "The Two Steles of Sargon: Iconology and Visual Propaganda at the Beginning of Royal Akkadian Relief", *Iraq* 60 (1998): 85-102. https://doi.org/10.2307/4200454.

agradecer a los acadios el primer sistema postal, completo con sobres; afortunadamente, ¡ahora utilizamos papel en lugar de arcilla! Los acadios fomentaron una lengua común hablada y escrita que unificó a personas de diversas culturas, de manera similar al inglés, el chino y el español, que sirven como *lingua franca* para millones de personas hoy en día. La mayoría de las naciones del mundo tienen un ejército profesional — innovación de Sargón— y utilizan componentes del modelo administrativo burocrático acadio.

En realidad, solo hemos arañado la superficie de la historia del Imperio acadio. Aún faltan muchas piezas del rompecabezas que nos ayudarían a comprender plenamente esta gran civilización y sus logros. Es necesario traducir más de un cuarto de millón de tablillas cuneiformes en lengua acadia desenterradas. Los disturbios en Oriente Próximo han obstaculizado los estudios arqueológicos que podrían revelar nuevas pistas. Algún día, alguien descubrirá las ruinas de Agadé; ¡qué emocionante será eso! Solo podemos imaginar los tesoros de información histórica que saldrán finalmente a la luz, una vez que se haya explorado la antigua Agadé.

Vea más libros escritos por Enthralling History

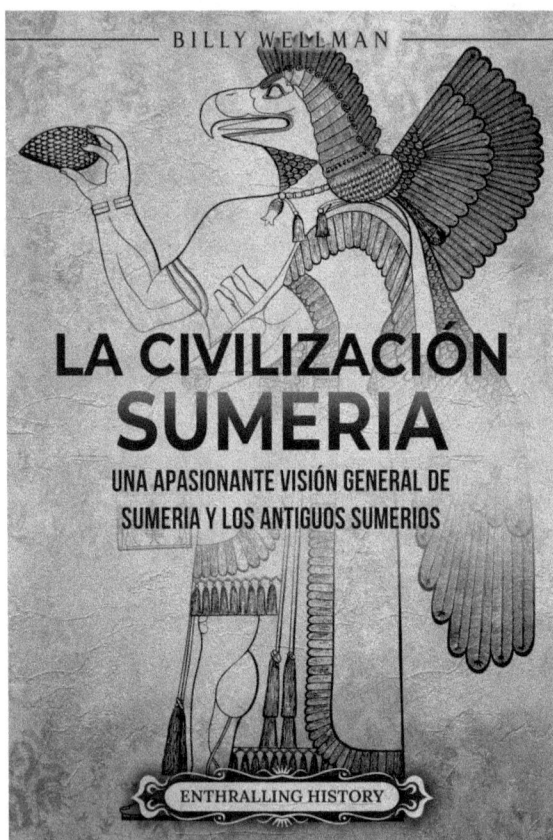

Bibliografía

"Akkadian Military". *Weapons and Warfare: History and Hardware of Warfare*. 2019. https://weaponsandwarfare.com/2019/09/21/akkadian-military

Bertman, Stephen. *Handbook to Life in Ancient Mesopotamia*. Oxford: Oxford University Press, 2005.

Botsforth, George W., ed. "The Reign of Sargon". *A Source-Book of Ancient History*. New

York: Macmillan, 1912, 27-28.

http://www.thelatinlibrary.com/imperialism/readings/sargontablet.html

Carter, R., and Graham Philip, eds. *Beyond the Ubaid: Transformation and Integration in the Late Prehistoric Societies of the Middle East*. Chicago: The Oriental Institute, University of Chicago, 2010.

Chavalas, M. W., ed. *The Ancient Near East: Historical Sources in Translation*. Malden, MA: Blackwell Publishing, 2006.

Clarke, Joanne, Nick Brooks, Edward B. Banning, Miryam Bar-Matthews, Stuart Campbell, Lee Clare, Mauro Cremaschig, et al. "Climatic Changes and Social Transformations in the Near East and North Africa during the 'Long' Fourth Millennium BC: A Comparative Study of Environmental and Archaeological Evidence". *Quaternary Science Reviews* 136, (2016), 96-121, https://doi.org/10.1016/j.quascirev.2015.10.003

Cooper, Jerrold S. "Sumerian and Akkadian in Sumer and Akkad". *Orientalia* 42 (1973):

239-46. http://www.jstor.org/stable/43079390

Cooper, Jerrold S., and Wolfgang Heimpel. "The Sumerian Sargon Legend". *Journal of the American Oriental Society* 103, no. 1 (1983): 67-82. https://doi.org/10.2307/601860

Cserkits, Michael. "The Concept of War in Ancient Mesopotamia: Reshaping Carl von Clausewitz's Trinity". *Expeditions with MCUP*, United States Marine Corps University Press, 2022. https://doi.org/10.36304/ExpwMCUP.2022.01

Dalley, Stephanie. *Myths from Mesopotamia Creation, the Flood, Gilgamesh, and Others.*

Oxford: Oxford University Press, 2008.

Delougaz, P. "A Short Investigation of the Temple at Al-'Ubaid". *Iraq* 5 (1938): 1–11.

https://doi.org/10.2307/4241617

Edens, Christopher. "Dynamics of Trade in the Ancient Mesopotamian 'World System'". *American Anthropologist* 94, no. 1 (1992): 118–39.

http://www.jstor.org/stable/680040.

Editors. "The World's Oldest Writing". *Archaeology*, May/June 2016.

https://www.archaeology.org/issues/213-features/4326-cuneiform-the-world-s-oldest-writing

Enthralling History. *Ancient Mesopotamia: An Enthralling Overview of Mesopotamian History,*

Starting from Eridu through the Sumerians, Akkadian Empire, Assyrians, Hittites, and

Persians to Alexander the Great. Columbia: Joelan AB, 2022.

Eppihimer, Melissa. "Assembling King and State: The Statues of Manishtushu and the Consolidation of Akkadian Kingship". *American Journal of Archaeology* 114, no. 3 (2010): 365–80. http://www.jstor.org/stable/25684286

Eppihimer, Melissa. *Exemplars of Kingship: Art, Tradition, and the Legacy of the Akkadians.* New York: Oxford University Press, 2019.

Foster, Benjamin R. *The Age of Agade: Inventing Empire in Ancient Mesopotamia.* New

York: Routledge, 2016.

Foster, Benjamin R. *Before the Muses: An Anthology of Akkadian Literature.* Bethesda:

CDL Press, 2018.

"Gilgamesh and Aga: Translation". *The Electronic Text Corpus of Sumerian Literature*, Oxford: Faculty of Oriental Studies, University of Oxford, 2000. https://etcsl.orinst.ox.ac.uk/section1/tr1811.htm

Grayson, A. K. "The Empire of Sargon of Akkad". *Archiv Für Orientforschung* 25 (1974): 56–64. http://www.jstor.org/stable/41636304

Gurney, O. R. "The Sultantepe Tablets: VII. The Myth of Nergal and Ereshkigal". *Anatolian Studies* 10 (1960): 105–31.

https://doi.org/10.2307/3642431

Hritz, Carrie, Jennifer Pournelle, Jennifer Smith, and رفينجثيمس. "Revisiting the Sealands: Report of Preliminary Ground Reconnaissance in the Hammar District, Dhi Qar and Basra Governorates, Iraq". *Iraq* 74 (2012): 37–49. http://www.jstor.org/stable/23349778

Jacobsen, Thorkild. "The Assumed Conflict between Sumerians and Semites in Early Mesopotamian History". *Journal of the American Oriental Society* 59, no. 4 (1939): 485–

95. https://doi.org/10.2307/594482

Kantor, Helene J. "Landscape in Akkadian Art". *Journal of Near Eastern Studies* 25, no. 3 (1966): 145–52. http://www.jstor.org/stable/543262

King, Leonard W. *A History of Sumer and Akkad: An Account of the Early Races of Babylonia from Prehistoric Times to the Foundation of the Babylonian Monarchy.* New York: Amulet Press, 2015 (first published 1910)

Lawrence, D., A. Palmisano, and M. W. de Gruchy. "Collapse and Continuity: A Multi-proxy Reconstruction of Settlement Organization and Population Trajectories in the Northern Fertile Crescent during the 4.2kya Rapid Climate Change Event". *PLoS One.* 16 (1) (2021). https://pubmed.ncbi.nlm.nih.gov/33428648

Lenzi, Alan. *An Introduction to Akkadian Literature.* University Park: The Pennsylvania State University Press, 2019.

Lenzi, Alan, ed. *Reading Akkadian Prayers and Hymns: An Introduction.* Atlanta: Society of Biblical Literature, 2011.

Levin, Yigal. "Nimrod the Mighty, King of Kish, King of Sumer and Akkad". *Vetus Testamentum* 52, no. 3 (2002): 350–66. http://www.jstor.org/stable/1585058

Lewis, Brian. *The Sargon Legend: A Study of the Akkadian Text and the Tale of the Hero Who was Exposed at Birth.* Philadelphia: American Schools of Oriental Research, 1980.

Lloyd, Seton, Fuad Safar, and Robert J. Braidwood. "Tell Hassuna Excavations by the Iraq Government Directorate General of Antiquities in 1943 and 1944". *Journal of Near Eastern Studies* 4, no. 4 (1945): 255–89. http://www.jstor.org/stable/542914

Luckenbill, D. D. "Akkadian Origins". *The American Journal of Semitic Languages and Literatures* 40, no. 1 (1923): 1–13. http://www.jstor.org/stable/528139

Mark, Joshua J. "The Legend of Cutha". *World History Encyclopedia.* 2021. https://www.worldhistory.org/article/1869/the-legend-of-cutha/.

Moore, A. M. T. "Pottery Kiln Sites at al' Ubaid and Eridu". *Iraq* 64 (2002): 69–77. https://doi.org/10.2307/4200519

Moorey, P. R. S. "The 'Plano-Convex Building' at Kish and Early Mesopotamian Palaces". *Iraq* 26, no. 2 (1964): 83–98. https://doi.org/10.2307/4199767

Nadali, Davide. *Representations of Battering Rams and Siege Towers in Early Bronze Age Glyptic Art.* Universitat Autonoma de Barcelona:39-52. https://ddd.uab.cat/pub/historiae/historiae_a2009n6/historiae_a2009n6p39.pdf

Nemet-Nejat, Karen Rhea. *Daily Life in Ancient Mesopotamia.* Westport, Connecticut: Greenwood Press, 1998.

Nigro, Lorenzo. "The Two Steles of Sargon: Iconology and Visual Propaganda at the Beginning of Royal Akkadian Relief". *Iraq* 60 (1998): 85–102. https://doi.org/10.2307/4200454

Nowicki, Stefan. "Sargon of Akkade and His God: Comments on the Worship of the God of the Father among the Ancient Semites". *Acta Orientalia Academiae Scientiarum Hungaricae* 69, no. 1 (2016): 63–82. http://www.jstor.org/stable/43957458

Petrovich, Douglas. "Identifying Nimrod of Genesis 10 with Sargon of Akkad by Exegetical and Archaeological Means". *Journal of the Evangelical Theological Society* 56, no. 2 (2013): 73-305. https://www.etsjets.org/files/JETS-PDFs/56/56-2/JETS_56-2_273-305_Petrovich.pdf

Powell, Marvin A. "The Sin of Lugalzagesi". *Wiener Zeitschrift Für Die Kunde Des Morgenlandes* 86 (1996): 307–14. http://www.jstor.org/stable/23864744

Rubio, Gonzalo. "On the Alleged 'Pre-Sumerian Substratum'". *Journal of Cuneiform Studies* 51 (1999): 1–16. https://doi.org/10.2307/1359726

Sackrider, Scott. "The History of Astronomy in Ancient Mesopotamia". *The NEKAAL Observer* 234. https://nekaal.org/observer/ar/ObserverArticle234.pdf

Speiser, E. A. "Some Factors in the Collapse of Akkad". *Journal of the American Oriental Society* 72, no. 3 (1952): 97–101. https://doi.org/10.2307/594938

Stol, Marten. "Women in Mesopotamia". *Journal of the Economic and Social History of the Orient* 38, no. 2 (1995): 123–44. http://www.jstor.org/stable/3632512

Sumerian King List. Translated by Jean-Vincent Scheil, Stephen Langdon, and Thorkild Jacobsen. Livius. https://www.livius.org/sources/content/anet/266-the-sumerian-king-list/#Translation

Teall, Emily K. "Medicine and Doctoring in Ancient Mesopotamia". *Grand Valley Journal of History* 3:1 (2014), Article 2. https://scholarworks.gvsu.edu/gvjh/vol3/iss1/2

"The Akkadians". *Weapons and Warfare: History and Hardware of Warfare.* 2019. https://weaponsandwarfare.com/2019/07/29/the-akkadians

The Code of Hammurabi. Translated by L.W. King. The Avalon Project: Documents in Law, History, and Diplomacy. Yale Law School: Lillian Goldman Law Library. https://avalon.law.yale.edu/ancient/hamframe.asp

The Curse of Agade. Translated by Jerrold S. Cooper. Baltimore: Johns Hopkins University

Press, 1983.

The Epic of Atrahasis. Translated by B. R. Foster. Livius.

https://www.livius.org/sources/content/anet/104-106-the-epic-of-atrahasis

The Epic of Gilgamesh. Academy of Ancient Texts.

https://www.ancienttexts.org/library/mesopotamian/gilgamesh

"The Legend of Sargon of Akkadê". *Ancient History Sourcebook.* New York: Fordham University, 1999.

https://sourcebooks.fordham.edu/ancient/2300sargon1.asp

"The Sargon Geography". Translated by Wayne Horowitz. *Mesopotamian Cosmic Geography.* Winona Lake: Eisenbrauns 1998

http://www.aakkl.helsinki.fi/melammu/database/gen_html/a0000526.php

The Tummal Chronicle. Livius.

https://www.livius.org/sources/content/mesopotamian-chronicles-content/cm-7-tummal-chronicle

Van Buren, E. Douglas. "Discoveries at Eridu". *Orientalia* 18, no. 1 (1949): 123–24. http://www.jstor.org/stable/43072618

Van De Mieroop, Marc. *A History of the Ancient Near East ca. 3000 - 323 BC.* Hoboken: Blackwell Publishing, 2006.

Wall-Romana, Christophe. "An Areal Location of Agade". *Journal of Near Eastern*

Studies 49, no. 3 (1990): 205–45. http://www.jstor.org/stable/546244

Weidner Chronicle (ABC 19). Livius, 2020.

https://www.livius.org/sources/content/mesopotamian-chronicles-content/abc-19-weidner-chronicle

Weiss, Harvey. *Megadrought and Collapse.* New York: Oxford University Press, 2017.

Weiss, H., M. A. Courty, W. Wetterstrom, F. Guichard, L. Senior, R. Meadow, and A.

Curnow. "The Genesis and Collapse of Third Millennium North Mesopotamian Civilization". *Science* 261, no. 5124 (1993): 995–1004.

http://www.jstor.org/stable/2881847

West, M. L. "Akkadian Poetry: Metre and Performance". *Iraq* 59 (1997): 175–87.
https://doi.org/10.2307/4200442

Westenholz, Joan Goodnick. "Heroes of Akkad". *Journal of the American Oriental Society*
103, no. 1 (1983): 327–36. https://doi.org/10.2307/601890

Westenholz, Joan Goodnick. *Legends of the Kings of Akkade: The Texts.* Winona Lake:
Eisenbrauns, 1997.

Wilford, John Noble. "Ancient Clay Horse is Found in Syria". *The New York Times,*
January 3, 1993.
https://www.nytimes.com/1993/01/03/world/ancient-clay-horse-is-found-in-syria.html

Wilkinson, T. J., B. H. Monahan, and D. J. Tucker. "Khanijdal East: A Small Ubaid Site in Northern Iraq". *Iraq* 58 (1996): 17–50.
https://doi.org/10.2307/4200417

Woolley, C. Leonard. "Excavations at Ur". *Journal of the Royal Society of Arts* 82, no. 4227 (1933): 46–59. http://www.jstor.org/stable/41360003

Ziskind, Jonathan R. "The Sumerian Problem". *The History Teacher* 5, no. 2 (1972): 34–41. https://doi.org/10.2307/491500

Fuentes de imágenes

1   Jolle, CC BY 3.0 <https://creativecommons.org/licenses/by/3.0>, via Wikimedia Commons https://commons.wikimedia.org/w/index.php?curid=78287238

2   https://commons.wikimedia.org/wiki/File:Hassuna_redware_bowl.jpg

3   Osama Shukir Muhammed Amin FRCP(Glasg), CC BY-SA 4.0 <https://creativecommons.org/licenses/by-sa/4.0>, via Wikimedia Commons https://commons.wikimedia.org/wiki/File:Neck_of_a_painted_jar_from_Tell_Hassuna,_Iraq,_belonging_to_Samarra_culture._5000_BCE._Iraq_Museum.jpg

4   https://www.jstor.org/stable/43072618

5   Osama Shukir Muhammed Amin FRCP(Glasg), CC BY-SA 4.0 <https://creativecommons.org/licenses/by-sa/4.0>, via Wikimedia Commons https://commons.wikimedia.org/w/index.php?curid=90674882

6   ALFGRN, CC BY-SA 2.0 <https://creativecommons.org/licenses/by-sa/2.0>, via Wikimedia Commons https://commons.wikimedia.org/wiki/File:Ubaid_III_pottery_jar_5300-4700_BC_Louvre_Museum.jpg

7   Osama Shukir Muhammed Amin FRCP(Glasg), CC BY-SA 4.0 <https://creativecommons.org/licenses/by-sa/4.0>, via Wikimedia Commons https://commons.wikimedia.org/wiki/File:Pottery_bowl_from_Telul_eth-Thalathat,_Iraq._Ubaid_period,_c._5000_BCE._Iraq_Museum.jpg

8   Zunkir, CC BY-SA 4.0 <https://creativecommons.org/licenses/by-sa/4.0>, via Wikimedia Commons https://commons.wikimedia.org/wiki/File:Golden_dagger_and_sheath_-_Ur_RT.jpg

9   https://commons.wikimedia.org/wiki/File:Cylinder_seal_lions_Louvre_MNB1167.jpg

10 https://commons.wikimedia.org/wiki/File:Standard_of_Ur_chariots.jpg

11 https://commons.wikimedia.org/wiki/File:Enki(Ea).jpg

12 https://en.wikipedia.org/wiki/File:O.1054_color.jpg

13 Attribution-ShareAlike 3.0 Unported, CC BY-SA 3.0,
   <https://creativecommons.org/licenses/by-sa/3.0/deed.en>
   https://commons.wikimedia.org/w/index.php?curid=1084105

14 Michel wal (travail personnel (own work)), CC BY-SA 3.0
   <https://creativecommons.org/licenses/by-sa/3.0>, via Wikimedia Commons
   https://commons.wikimedia.org/w/index.php?curid=78015080

15 Attribution-ShareAlike 2.5 Generic, CC BY-SA 2.5,
   <https://creativecommons.org/licenses/by-sa/2.5/deed.en>,
   https://commons.wikimedia.org/w/index.php?curid=18438114

16 Hans Ollermann, CC BY-SA 2.0 <https://creativecommons.org/licenses/by-sa/2.0>,
   via Wikimedia Commons
   https://commons.wikimedia.org/wiki/File:Mask_of_Sargon_of_Akkad.jpg

17 ALFGRN, CC BY-SA 2.0 <https://creativecommons.org/licenses/by-sa/2.0>, via
   Wikimedia Commons
   https://commons.wikimedia.org/w/index.php?curid=77514888

18 Middle_East_topographic_map-blank.svg: Sémhur (talk)derivative work: Zunkir,
   CC BY-SA 3.0 <https://creativecommons.org/licenses/by-sa/3.0>, via Wikimedia
   Commons https://commons.wikimedia.org/wiki/File:Moyen_Orient_3mil_aC.svg

19 Metropolitan Museum of Art, CC0, via Wikimedia Commons
   https://commons.wikimedia.org/wiki/File:Head_of_a_ruler_ca_2300_2000_BC_Ira
   n_or_Mesopotamia_Metropolitan_Museum_of_Art_(dark_background).jpg

20 Mapa modificado: ampliado, añadidas regiones y mares, insertado un contorno del
   territorio ampliado. Enyavar, CC BY-SA 4.0
   <https://creativecommons.org/licenses/by-sa/4.0>, via Wikimedia Commons
   https://commons.wikimedia.org/wiki/File:Ancient_Near_East_2300BC.svg

21 Mapa modificado: ampliado, añadidas regiones y mares, insertado un contorno del
   territorio ampliado. Enyavar, CC BY-SA 4.0
   <https://creativecommons.org/licenses/by-sa/4.0>, via Wikimedia Commons
   https://commons.wikimedia.org/wiki/File:Ancient_Near_East_2300BC.svg

22 Rama, CC BY-SA 2.0 FR <https://creativecommons.org/licenses/by-
   sa/2.0/fr/deed.en>, via Wikimedia Commons
   https://commons.wikimedia.org/wiki/File:Naram-Sin.jpg

23 https://commons.wikimedia.org/wiki/File:John_Henry_Haynes._The_
   Nippur_temple_excavation._1893.jpg

24 https://commons.wikimedia.org/wiki/File:TellBrakTW-W.jpg

25 ALFGRN, CC BY-SA 2.0 <https://creativecommons.org/licenses/by-sa/2.0>, via
   Wikimedia Commons
   https://commons.wikimedia.org/wiki/File:Prisoner_of_the_Akkadian_Empire_peri
   od_possibly_Warka_ancient_Uruk_LOUVRE_AO_5683.jpg

26 Vania Teofilo, CC BY-SA 3.0 <https://creativecommons.org/licenses/by-sa/3.0>, via Wikimedia Commons https://commons.wikimedia.org/wiki/File:Female_statuette_Empire_d%27Akkad_Louvre_-1.jpg

27 Gary Todd, CC0, via Wikimedia Commons https://commons.wikimedia.org/wiki/File:Diorite_Male_Statue%2C_found_in_Assur_%28next_to_the_Anu-Adad_Temple%29%2C_c._2300-2200_BC_%28Akkadian_Period%29.jpg

28 Mapa modificado: se han añadido nombres de mares y regiones. Flechas añadidas para mostrar las rutas comerciales. Por Middle_East_topographic_map-blank.svg: Sémhur (talk) trabajo derivado: Zunkir (talk) - Middle_East_topographic_map-blank.svg, CC BY-SA 3.0, https://commons.wikimedia.org/w/index.php?curid=17330302

29 Rama, CC BY-SA 3.0 FR <https://creativecommons.org/licenses/by-sa/3.0/fr/deed.en>, via Wikimedia Commons https://commons.wikimedia.org/wiki/File:Victory_stele_of_Naram_Sin_9066.jpg

30 Osama Shukir Muhammed Amin FRCP(Glasg), CC BY-SA 4.0 <https://creativecommons.org/licenses/by-sa/4.0>, via Wikimedia Commons https://commons.wikimedia.org/wiki/File:The_rock-relief_of_Naram-Sin_at_Darband-i_Gawr,_Qaradagh_Mountain,_Sulaymaniyah,_Kurdistan,_Iraq.jpg

31 Louvre Museum, CC BY 3.0 <https://creativecommons.org/licenses/by/3.0>, via Wikimedia Commons, https://commons.wikimedia.org/w/index.php?curid=25852586

32 Jans, G. / Bretschneider, J. 1998: "Wagon and Chariot Representationsin the Early Dynastic Glyptic. "They came to Tell Beydar with wagonand equid"". In M. Lebeau (ed.), About Subartu. Studies Devoted toUpper Mesopotamia. Turnhout, 155-194., CC BY-SA 4.0 <https://creativecommons.org/licenses/by-sa/4.0>, via Wikimedia Commons https://commons.wikimedia.org/wiki/File:Beydar-1.png

33 Sting, CC BY-SA 3.0 <http://creativecommons.org/licenses/by-sa/3.0/>, via Wikimedia Commons https://commons.wikimedia.org/wiki/File:Stele_of_Vultures_detail_01a.jpg

34 https://commons.wikimedia.org/wiki/File:Cylinder_seal_of_the_scribe_Kalki.jpg

35 Mbzt 2011, CC BY 3.0 <https://creativecommons.org/licenses/by/3.0>, via Wikimedia Commons https://commons.wikimedia.org/wiki/File:Impression_of_an_Akkadian_cylinder_seal_with_inscription_The_Divine_Sharkalisharri_Prince_of_Akkad_Ibni-Sharrum_the_Scribe_his_servant.jpg

36 Eric de Redelijkheid from Utrecht, Netherlands, CC BY-SA 2.0 <https://creativecommons.org/licenses/by-sa/2.0>, via Wikimedia Commons https://commons.wikimedia.org/wiki/File:Bronze_head_of_an_Akkadian_ruler,_dis

covered_in_Nineveh_in_1931,_presumably_depicting_either_Sargon_or_Sargon%
27s_grandson_Naram-Sin_(Rijksmuseum_van_Oudheden).jpg

37 https://commons.wikimedia.org/wiki/File:Bassetki_statue.jpg

38 ALFGRN, CC BY-SA 2.0 <https://creativecommons.org/licenses/by-sa/2.0>, via
Wikimedia Commons
https://commons.wikimedia.org/wiki/File:Sargon_of_Akkad_and_dignitaries.jpg

39 MapMaster, CC BY-SA 4.0 <https://creativecommons.org/licenses/by-sa/4.0>, via
Wikimedia Commons
https://commons.wikimedia.org/wiki/File:Hammurabi%27s_Babylonia_1.svg

40 https://en.wikipedia.org/wiki/Rimush#/media/File:Fragments_of_the_
Victory_Stele_of_Rimush_(Heuzey).jpg

41 Por Shonagon - Obra propia, CC0,
https://commons.wikimedia.org/w/index.php?curid=61159609

42 Daderot, CC0, via Wikimedia Commons
https://commons.wikimedia.org/wiki/File:El,_the_Canaanite_creator_deity,_Megid
do,_Stratum_VII,_Late_Bronze_II,_1400-1200_BC,_bronze_with_gold_leaf_-
_Oriental_Institute_Museum,_University_of_Chicago_-_DSC07734.JPG

43 Prioryman, CC BY-SA 4.0 <https://creativecommons.org/licenses/by-sa/4.0>, via
Wikimedia Commons
https://commons.wikimedia.org/wiki/File:Tablet_of_Shamash_relief.jpg

44 User1712, CC BY-SA 4.0 <https://creativecommons.org/licenses/by-sa/4.0>, via
Wikimedia Commons https://commons.wikimedia.org/wiki/File:Nergal-b.jpg

45 https://commons.wikimedia.org/wiki/File:Chaos_Monster_and_Sun_God.png

46 British Museum, CC0, via Wikimedia Commons https://commons.
wikimedia.org/wiki/File:British_Museum_Queen_of_the_Night.jpg